gefeilt
entlassen

Lyrik

Uli Wollgarten

Herstellung und Verlag:
BoD – Books on Demand, Norderstedt
ISBN: 978-3-7494-9855-0

Vorwort

Lieber Leser*,

seit meiner Erstveröffentlichung im April 2012 unter der Überschrift „gefangene Gedanken" ist einige Zeit ins Land gegangen. Kein Wunder, dass sich seit ihr eine stattliche Anzahl neuer Gedichte angesammelt hat.
Das allein wäre nicht Grund genug für einen zweiten Gedichtband.
Vielmehr sind es die mehrfach an mich herange-tragenen Aufmunterungen aus dem Kreis lyrisch Interessierter, die meine Gedichte kennen.
Zumeist traten diese Ermunterungen im Gewand folgender oder ähnlicher Fragen auf, wann es denn endlich wieder etwas von mir zu lesen gäbe. Das hat mich besonders motiviert.

War für die Herausgabe von „gefangene Gedanken" mein Freund Bruno Bings noch die treibende Kraft, so ist es diesmal stärker der Zuspruch der Leser und Zuhörer.
Bruno gebührt an dieser Stelle trotzdem mein herzlicher Dank, da er sich an Satz und Buchdeckelgestaltung beteiligt hat, was übrigens nicht bedeutet, dass Freund Bruno nicht mehr zum Kreis derer gehörte, die sich gerne mit meinen Texten befassen. Aber das nur am Rande.
Ferner danke ich meiner Schwester Pia Maria Schmittgall, ohne deren diplomierte Einflussnahme auf die Gestaltung des Buchdeckels eine echte Expertise ungenutzt geblieben und ich dann schön dumm gewesen wäre.

Ungeachtet der Tatsache, dass mir meine Nichten und mein Neffe gleichermaßen lieb sind, widme ich diesen Band meiner Nichte Zara Schmittgall.

Dafür gibt es mehrere Gründe. Der wesentliche von ihnen ist, dass sie mit mir die Leidenschaft am Spiel mit Sprache teilt und selbst auf dem Gebiet sehr kreativ ist. Eine Seelenverwandtschaft ist zumindest dahingehend klar vorhanden.

Zur Orthographie im Buch:

Der Umgang mit Schreibweisen, Wortanordnungen und Zeichensetzung ist in Gedichten freizügig. So stand es bereits im Postscriptum des Vorworts in „gefangene Gedanken". Daran hat sich grundsätzlich nichts geändert. Inzwischen ist das für mich aber kein Grund mehr, mich alter Rechtschreibung zu bedienen.

Der schleichende Charakter allmählicher Gewöhnung vermag den Widerstand anfänglicher Aversion(en) aufzuweichen. Diesem Erosionsprozess folgt die zunehmende Bereitschaft, den Änderungen gegenüber dem Vorläufer in Sachen Orthographie und Interpunktion ebenfalls nach und nach gewisse Sinnhaftigkeiten, wenn auch nicht flächendeckend, abtrotzen zu können. Ein echtes Zugeständnis, vor wenigen Jahren noch schwer denkbar.

Ein weiterer Grund für die nunmehr überwiegende Abkehr von alter Rechtschreibung ist die Entstehungszeit vieler, nachfolgend aufgeführter Gedichte. Dieser Beweggrund ist streng genommen exakt derselbe wie der für die alte Rechtschreibung in „gefangene Gedanken", also für sich genommen unverändert.

Dass er trotzdem zum gegenteiligen Ergebnis führt, leuchtet vor dem Hintergrund der Entstehungszeit zwar ein, mutet aber, wenn man einmal intensiver darüber nachdenkt, dennoch seltsam an.

Zu diesem Buch und seiner Gliederung:
„Gefangene Gedanken" orientierte sich im Wesentlichen an meinem Ordnersystem auf elektronischen Datenträgern und Speichermedien.
Dem möchte ich in diesem Buch nicht mehr folgen. Das hat Gründe, wenngleich ich diese hier nicht preisgebe.
Ich neige ohnehin dazu, mich lyrisch relativ klar, wenn möglich sogar unmissverständlich auszudrücken, und so Interpretationsspielräume deutlich enger als bei Poeten üblich zu fassen.
Sollte ein Leser sich dennoch an ein oder anderer Stelle fragen, was ich denn gemeint habe, so liegt es eher an der Verwendung unüblicher Ausdrucks-weisen, Bilder oder/und Wortkreationen, dem Spiel mit Sprache halt, einem, das die strenge Vorgabe klassischer Reim- und Rhythmusregeln einem Gedichteschreiber nahelegt.

Die Art und Weise, wie ich mich Themen nähere, und wie ich über sie schreibe, hat sich, aus eigener Perspektive betrachtet, nicht wesentlich geändert.
Ernstzunehmendes wird blankem Unsinn immer wieder die Hand reichen. Es gibt die reine Wortspielerei genauso wie die, die nicht selten die Ernsthaftigkeit, zuweilen sogar bittere Erkenntnis würzt.

Das Flache ist oft offensichtlich.
Tiefgang versteckt sich zuweilen.
Eine Pointe zündet, wenn sie überrascht.

Humor – für mich im Wesentlichen die Fähigkeit, über sich selbst lachen zu können – existiert auch in krasser Ausprägung. Dann nennt man ihn Galgenhumor. Er ist es, der dem Individuum am meisten abverlangt.

Was macht Satire? Sie überzeichnet, karikiert Zusammenhänge, deckt Grotesken auf, legt offen und stellt bloß.
Empfindet jemand eine Satire als geschmacklos oder/und verletzend, so ist dies ebenso statthaft, wie die Frage nach seinem Humor.

In diesem Sinne, lieber Leser: Lass es Dir lyrisch schmecken. Der Autor wünscht Dir einen guten Appetit! Was nicht mundet, bitte ausspucken!

Herzlich Dein
Uli Wollgarten

Ps:* Der grammatikalisch männliche Begriff umfasst selbstverständlich alle beim Menschen natürlich vorkommenden Geschlechter, deren psychische und physische Mischformen – unabhängig von jeweiliger, sexueller Orientierung!
Analog gilt dies im Falle grammatikalisch weiblichen oder sächlichen Geschlechts, sollte sich hinter einem dieser ein natürlich männliches befinden. (Beispiele: die Brut, das Kind).

Mehr Geschlechter als männlich, weiblich und sächlich kennt die deutsche Grammatik nicht. Vielleicht noch nicht. Aber ich möchte hier keine Gender-Lawine lostreten.

So hehr die Ziele der um Gleichberechtigung und Balance bemühten sowie gegen Diskriminierung engagierten Zeitgenossen sein mögen, das Beugen und Verändern gewachsener Sprache um jeden Preis lenkt in meinen Augen nur vom Wesentlichen ab, nämlich der Notwendigkeit, im Zusammenleben etwas zu ändern.

Damit möchte ich keineswegs negieren, dass Sprache in der Lage ist, Gefühle zu lenken, und dass Begriffe hinsichtlich der Spanne zwischen „gut" und „böse" tendenziös sein können. Gerade die der Herrschaftssprache, also die der Mächtigen, deren Begriffskreationen – insbesondere jene, welche mit der Maske eines Terminus Technikus daher kommen – sind oft die (ein-)leuchtenden Negativbeispiele.
Anders und kurz gesagt: Euphemismen gehören entlarvt!
– Keine Frage. Sie verbrämen die nackte Wahrheit, färben schön und sind zynisch oder gar sarkastisch.
Es soll an dieser Stelle keine Aufzählung aktueller Beispiele folgen. Sie würde den Rahmen eines Vorworts – erst recht das seines Postscriptums – sprengen.
Aber ein Klassiker sei wenigstens aufgeführt, der sogenannte „Kollateralschaden". Er steht bekanntlich für Unbeteiligte, meist Zivilisten, die infolge eines Angriffs, Beschuss' oder Bombardements mit getötet wurden. Mit gebührendem Sarkasmus: Was für eine umfassende Integration?!

Sei stets aufmerksam, bei dem, was Dir als Leser oder Hörer verbal serviert wird.

Eine weitere Spielart des „Genderns" ist die „Geißelung" von häufigen Wortendungen, wie z. B. „-ling".
Die Forderung ist, „Flüchtling" solle durch „Flüchtender" oder „Geflüchteter" bzw. „Flüchtende" oder „Geflüchtete" ersetzt werden. – Warum?
Die Endung „-ling" sei negativ behaftet oder zumindest vorgefärbt. Als stützende Beispiele werden dann „Sonderling", „Sträfling", „Eindringling" und dergleichen angeführt.

Das geht mir aus mehreren Gründen zu weit.

Ich beginne mal mit dem Offensichtlichen und frage:
Warum führen die Befürworter gerade diese Beispiele an?
Oder anders gefragt: Wer stellt diese Verbindung her? Sind es nicht die Befürworter selbst?

Ich stelle solch zweifellos fern der Sympathie liegenden „-linge" wie „Weichling", „Hänfling", „Rohling", „Widerling" einfach einmal folgende gegenüber:
„Säugling", „Jüngling", „Frühling", „Schmetterling", „Lehrling", „Sperling", „Setzling", „Zwilling", „Sprössling" und „Liebling".

Es gibt natürlich noch mehrere solcher Wörter, ganz besonders viele aus dem Reich der Pilze. Man stelle sich vor, sich nur noch der lateinischen Begriffe bedienen zu dürfen.

Dann gibt es noch neuere, positiv besetzte Begriffe wie „Recycling" und „Bratling". Letzter dürfte allen-falls für passionierte Karnivoren einen bitteren Beigeschmack bieten.

Und was sollen wir künftig aus „Dipl. Ing." machen?

Zurück zu „flüchtend" oder „geflüchtet". Diese beiden Adjektive, aus denen vorgenannte Ersatzsubstantive konstruiert wurden, schränken anschaulich den um-fassenderen Begriff „Flüchtling" ein.
Ein „Flüchtender" ist auf der Flucht, ein „Geflüchteter" war es. Mit „Flüchtling" ist sowohl der Eine als auch der Andere gemeint.
Der Begriff hat daher durchaus seine Berechtigung.

Am Ende des beinah so langen Postscriptums wie das eigentliche Vorwort möchte ich wiederholen:

Sei aufmerksam!

Das ist nicht nur bei dieser Lektüre hilfreich.

Absturz geflügelter Worte

Schöner Schein

Dem, der nur Tand besitzt,
mag manche Scherbe gleißen.
Und wer im Pfandhaus sitzt,
soll nicht mit Scheinen schmeißen.

Erst die Arbeit ...

Erst die Arbeit, dann das Spiel,
das Vergnügen nach der Pflicht.
Nach der Reise kommt das Ziel.
Nur beim Rundgang gilt das nicht.

Flach aber wahr

Tiefer liegt man stets im Sand
mit oder ohne Tuch am Strand,
auch dann, hat letztgenannter Steine.

Man liegt nur minimal erhöht,
wenn dorten eine Pritsche steht,
denn Liegen haben kurze Beine.

Konfuzius sagt, Uli unkt

„Ein Weg entsteht,
wenn man ihn geht." (Konfuzius)

„Dies stützt probat
der Trampelpfad.
Der erste hier
ist Pionier,
mutig und schlau!
Wie im Stau … " (Uli)

„Löse das Problem,
nicht die Schuldfrage" (Konfuzius)

„Wut hat sich in mir aufgestaut.
Warum?, – ich wurde grad beklaut;
ich weiß, und das ist mein Problem,
nun aber leider nicht, von wem,
und darum, das ist absolut Mist,
dann auch nicht, wo das Diebesgut ist!
Das führt gen Grenzen des Geschmackes
mich in die Gasse dieses Sackes:
Solang mir unbekannt der Böse
bleibt, ich auch mein Problem nicht löse." (Uli)

„Weisheit befreit vom Zweifel, die Tugend befreit vom Leiden, und Entschluss befreit von Furcht." (Konfuzius)

Es sprach ein Mensch, der jugendlich,
zu sich: „Ich bleibe tugendlich
bei der Versuchung Gegenwart,
dann bleibt mir einiges erspart."

Der Vorsatz wurde ihm zum Fetisch,
er, was auch lockte, blieb asketisch,
beharrlich, tapfer, unverdrossen,
standhaft und angstbefreit entschlossen.

Betagt sah er des Meidens Kraft:
Sein ohne Leid und Leidenschaft!
Und Zweifel machten leise klar
die Weisheit, ob das weise war?! (Uli)

beispielhaft gleichnishaft fabelhaft

Fasten

Bei dem Verlust, der nicht betrübt,
wird selten nur Verzicht geübt.

Weniger isst mehr

Bevor 'ne Taube tot vom Dach fällt,
man eher eine Wachtel achtelt,
Dass man davon gesättigt wird, fällt
auch aus, wenn man sie nur viertelt.
Selbst äß' man Teile zwei von Vieren,
was hieße, sie nur zu halbieren,
die Sättigung und ihre Grenze
blieb fern auch, äß' man sie zur Gänze.
Dennoch, 'ne Wachtel wiegt im Bräter
mehr als 'ne Taube fliegt im Äther.

Standhaft

Es waren einst zwei Nordmanntannen,
die zog das Fernweh fort, von dannen.
Sie übersah'n, dass sie verwurzelt
waren, und sind umgepurzelt.

Späte Genugtuung
(... wer zuletzt lacht ...)

Wieviele Fliegen hat der Mensch an heißen
Sommertagen
im Laufe eines langen Lebens nicht bereits erschlagen?
Zig Hunderte. – Doch, wie man von Forensikern erfährt,
nur einen Bruchteil davon, wie ein Leichnam sie ernährt.

Weihnachtsbaum
(Ein Gleichnis)

Gut zu Gesicht steht einem Manne
aufrechter, strammer Wuchs der Tanne.
Er steht für Anmut, Stolz und Kraft,
ein Bild, das sich Respekt verschafft.

Die Tanne – nicht nach meiner Meinung
allein – gefällt, ist die Erscheinung,
die Weihnachten in Licht gerückt,
verziert die gute Stube schmückt.

Schon jedem Kind ist selbstverständlich
nicht neu, die Weihnachtszeit ist endlich,
in ihrer Überschwänglichkeit
auch Sinnbild der Vergänglichkeit.

Und manche Tanne oder Fichte
machte schon das Fest zunichte,
wenn sie am Weihnachtstag getadelt
wurde: „Schau, der Baum, er nadelt!".

Anteilig schon des Grüns beraubt,
fragt man betrübt: „Ist das erlaubt?
Warum fehlt grade uns Fortune
mit sogenanntem Immergrün?"

Erlaubet, laublos wird die Fichte,
das wissen alle: Hünen, Wichte,
aus Bürgertum und Adel stolz,
nur so – sie ist ein Nadelholz.

Klar, Heiligabend wär' am größten
die Not, drum mag, was nun folgt, trösten:
Das, was vom Christbaum runterfällt,
zumindest die Couleur behält.

Fraglich, ob unter kahlem Stiele
vergilbtes Blattwerk mehr gefiele.
Und wer gefällt, von allen findet
meist bitter, wenn Gefallen schwindet.

Und das trifft nicht nur wenige
Christbäume nach „Drei-Könige". –
Er ist vor kahlem Stängel klar
und stets ein Mängelexemplar.

Dass das, was ihn am meisten ziert,
er vor der Zeit nicht schon verliert
und droht, mit blankem Pfahl zu winken,
empfiehlt sich: Gebt ihm viel zu trinken!"

Das ist der allerbeste Trost.
Drum, auf die Plätze – fertig – Prost!!!

Zebra und Wonderbra

Ein Zebra und ein Wonderbra,
die trafen sich am Straßenstrich.
Der Wonderbra kam von sehr nah,
das Ze- aus Afrikas Gebüsch.

Es sprach: „Mein lieber Scholli, ist
es voll hier. Mancher Stricher irrt
nur rum. Als Streifenpolizist
sorg' ich, dass es hier sicher wird."

Der Wonderbra seufzte da nur:
„Mein Leben wirkt durchaus sehr wild.
Doch liegt's in meines Seins Natur:
Nie bin ich wirklich ausgefüllt.

Ich sah nicht nur am Strich mich satt,
auch an den Nutten, Zebra. Wetten?
Die meinen waren richtig platt,
als wenn sie vorne Lepra hätten.

Sprich, alles was hier sicher ist,
ist: Nichts ist, wie es dir erscheint.
Man schiebt dich, dass du dich vergisst
und gibst, was die Verlierer eint.

Darum, wenn Striche sowie Streifen,
auf sie zu gehen, auch verbindet,
ist selbst für Zebras zu begreifen,
ist hier das, was sie trennt, zu finden."

„Dann sei das äußere Erscheinen
grundsätzlich wie auch deins 'ne Warnung
hier", sprach das Zebra. „Ich nutz' meinen
Look jetzt nur noch im Gras als Tarnung."

Sie hatten plötzlich so 'ne Eile
und mussten ihrer Wege gehen.
Man hat sie auf der Wonnemeile
zusammen niemals mehr gesehen.

Sie fühlten sich fortan berufen
zu Höherem und Dienst an Dritten.
Es heißt, die Weisheit habe Stufen.
Stimmt dies, erreicht man sie mit Tritten.

Glaubt man Gerüchten, so empfehle
ich die absurden im Gehege.
Den Wonderbra tragen Kamele,
das Zebra dient als Überwege.

Mönche im Vergleich

Was macht der Mönch der Shaolin und der der Christen,
wenn alle beide zwar ein karges Dasein fristen,
sich aber beide nicht in größter Hungersnot
befinden, denn mit einem knüppelharten Brot?

Der erste hat die Kraft, sich konzentriert und angespannt
und teilt das Brot mit bloßer Kante seiner Hand.
Der zweitgenannte dieser hat nichts als Erbarmen
und teilt das Brot auch, aber mit den Armen.

Erkannt

Es schalt der kleine Finkenhahn:
„Wer fängt denn hier zu stinken an?"
Drauf rügte ihn die Finkenhenne:
„Du selbst, weil ich dein Stinken kenne!"

Voodoo hinschaust

Durch die Atacama Wüste
einst ein altes Lama düste,
bis das schier vor Angst bekloppte
Tier ein Wüstenfuchs dann stoppte.

Der kam grad' aus seinem Bau
und frug: „Findest Du das schlau,
durch die Wüste karg und groß
so zu rennen? – Was ist los?"

Dabei brach nach seinem strammen
Trab das Lama fast zusammen
rückwärts blickend oft und bang,
während es nach Atem rang.

Wie gelähmt auf heißen Steinen
mit ganz eingeknickten Beinen
unter seinem Bauch verschwunden,
sprach das Lama recht geschunden:

„Ich entfloh der Wüstenmetro-
pole, namentlich San Pedro.
Da lag ich wie hier geparkt
mitten auf dem Wochenmarkt.

Dort vertreibt mein Herr gern seine
Auswahl roter Spitzenweine.
Tino Vintos Rotweinstand
ist Begriff und wohlbekannt.

Direkt nebenan da war was
los am Stand José Carraras.
Der bot Plastiken mit Grips dann
aus Profitgier und aus Gips an.

Und sein Angebot war sehr groß:
Christos Rio de Janeiros
vieler Größen an der Zahl
standen da zur freien Wahl.

Ihren Sog Rabatte würzten,
dass sich viele auf sie stürzten,
bis nur ein Zwei-Meter-Typ
des Erlösers übrig blieb.

Dann verlief sich das Gedränge.
Und ein Mädchen aus der Menge
wies auf mich. Dann frug die Kleine:
„Hat das Lama keine Beine?"

Darob scherzte nun José:
„Dieses Tier ist ein Rentier
und schon ziemlich alt an Tagen.
Deshalb wird es stets getragen!"

Die Menge hat darob gelacht.
„Matthäus 9, Vers 1 bis 8!"
erschallte laut mit beinah' böser
Stimme es. Und den Erlöser

sah man eigenständig kreisend.
Beide Hände auf mich weisend
gab sonor er zu verstehen:
„Aufsteh'n, Lama, Du kannst gehen!"

Alle war'n zu Tod erschrocken,
stoben, anstatt zu frohlocken,
auseinander!" sprach das Tier.
„Siehste, darum bin ich hier!"

Last Minute

Die Mehrheit reagiert vielleicht verwundert,
wenn wer behauptet, dass Last-Minute-Flüge
erstmals im späten zwanzigsten Jahrhundert
erschienen wären, sei wohl eine Lüge.

Die Schwerkraft hat der Auftrieb überwunden.
Mit seiner Hilfe wurden Menschen Sieger.
Er hat sie mit gefiederter Natur verbunden
durch Propeller- erst, dann Düsenflieger.

Des Menschen Geist und technisches Gelingen
verwirklichte der großen Menschheitsträume
einen, während seit Äonen Flügelschwingen
die Vögel in die Luft hebt über Seen, Felder, Bäume.

Flugfähigkeit hängt aber nicht nur an Gefiedern.
Woran soll die der Fledermäuse liegen?
An Häuten zwischen langen Fingergliedern,
na klar. – Doch auch Feldmäuse können fliegen.

Nicht selbst - verständlich - man hätt's mitbekommen.
Trotzdem, sie tun es schon seit Jahr und Tagen.
Sie wurden erst und waren mitgenommen
im Eulen-, Falken-, Mäusebussardmagen.

Die Mäuse sind geflogen und ganz vorn im Rennen
mit dem Menschen, ob der Kunst fremder Gefieder,
jedoch von Bord gegangen nicht mehr zu erkennen.
Fazit: Last-Minute – einmal und nie wieder.

Fluch der Languste

Eine traurige Languste,
die dringend etwas essen musste,
traf einen großen Hummer, der
sie fragte, was ihr Kummer wär'.

Sie sprach: „Mich drückt mein Tiefkühlfisch.
Der ist am Stück zu viel für mich.
Mir reichte schon ein Häppchen dessen.
Doch ich kann nur mit Stäbchen essen.

Nimmst du mir meine schweren Sorgen,
Kannst du mir deine Scheren borgen?"
Der Hummer brummte: „Pustekuchen."
Da musste die Languste fluchen.

bildhaft

Bei Licht betrachtet

Ist das erhellend? - Unser Sonnenlicht
nützt den Menschen für die Fernsicht nicht.
Zutaten für den klaren Blick in weite Ferne
sind Dunkelheit sowie entfernte Sterne.

Novemberimpression

Der weiße Hauch der Landschaftsbilder
zeigt, es war morgens schon mal milder
und klarer, als es jüngst noch war. - Man
ziehe sich nun lieber warm an.

Ein solches Bild befiehlt: „Begreif!, …"
– Doch was, das weiß man nie genau. –
Der Eine meint: „Die Zeit ist reif!",
der Andere: „Die Zeit ist rauh!"

Leider, ach noch heute

Was nützt dem Mann der feine Zwirn,
besitzt sein Träger kein Gehirn,
und dir, bestimmt dein Meinungsbild
bevorzugt das Erscheinungsbild?

Dort, wo die Kleider Leute machen,
sind sie es, die leicht Beute machen,
weil, die die feinen Herrn beschauen,
deshalb auf reinen Kern vertrauen.

Der Schein des Seins ist Sein des Scheins.
Aus dein wird so leichtsinnig seins.
Und das ist nicht nur kranker Banken
gierigen Pranken zu verdanken.

Nicht minder fehl geht das Geschwafel,
den Wolf erkenne man am Schaffell.
Nur Blind- und Taubheit ziehen Schlüsse
der Gattung: Schalen machen Nüsse.

Vier Versfüße (oder lyrischer Vierbeiner)

Johann, Jakob, Zebedäus
indizieren den **Trochäus**.

Die Zielanzeige vorn am Bus
führt leider holprig zum **Jambus**.

Rhythmus des **Daktylus**, wunderbar eingepackt
weist in den Wiegeschritt, immer im Walzertakt.

Irritierte dich, wenn du im Dunkeln was sähst,
doch verrät sich akustisch dort der **Anapäst**.

Gute Frage

Die Frage kam ihm kaum zu Ohren,
dem Lehrer für Biologie:
„Sag, wann wird denn ein Baum geboren?"
Da setzte er schon an: „Wohl nie.
Sein Samen keimt im Untergrund,
bricht auf, strebt an die Oberfläche
durchstößt sie ziemlich munter und
treibt Blattwerk aus und wächst. Die Esche,
die Eiche, Buche oder Linde … ,"

„Dann wird ein Baum," entwich dem Kinde,
„wie wir geboren, wie ich finde,
und zwar", so grinste es verzückt,
„wenn er das Licht der Welt erblickt."

Frühlingsloblied

Wer mag nicht mal die Poesie seh'n
der saftig grünen Frühlingswiesen?
Wo Blüten bunt gescheckt verlocken,
dass sich auf sie Insekten hocken
und bei gelüstem Nektarschnützen
anbei noch der Vermehrung nützen,
sich „Nehmen" so auf „Geben" reimt,
und bald das neue Leben keimt.

Digitalisierung

Wirkt das Gesetz der großen Zahlen
nicht ganz allein im Dezimalen
und einstmals analogen Leben?

Müsste es dann rein stochastisch
von den Einsen nicht noch drastisch
mehr als so oft Nullen geben?

Erfordernisse

Sein Sein hinreichend auszufüllen,
hängt oft genug am Einsatzwillen.
Ob freudig, ob mit Grimm, man naht
hier einem Bild, dem Implantat.
Es fordert früher oder später
Opfer, Einschnitt, Implantäter.

Ablauf

So berührt ein Schicksalsschlag,
offeriert seinen Vertrag:
„Nimm ihn oder lehn' ihn ab!"
Seine Wucht ist nicht zu knapp,
deine Wahl recht unerheblich.
Sein Befehl: „So läuft es ab!"
Widerstand ist da vergeblich.

Mitgenommen - mitbekommen

Spuken Busse im Minutentakt,
weil es morsch in den Gelenken knackt,
und es führen sie zu Haltestellen
ausnahmslos aschfahle Spießgesellen,
diese ziert der eben blasse Frack
fetzig, mit der Aufschrift ASEAG,
und die Steuerräder packen Knochenhände,
die deuten, jede Fahrt geht doch gen Ende,
und des Gastes Ausstieg ohne Schonfrist
die individuelle Endstation ist
ungeachtet aller Herkunft, Rassen, Sprachen,
dann ist nicht nur Halloween in Aachen;
nein, es ist einer Seuche Paradigma,
Allegorie mit virulentem Stigma.
Ihr Angesicht, dergleichen trüge
sich derart zu, bekäme Leichenzüge
nebst breitem Grinsen über das Begehren
vieler, wie Personen nah verkehren.

Kein Anschluss

Ein Tinnitus ist regelmäßig Stör-
geräusch bei 'nem Patienten im Gehör.
Er gleicht der freien Leitung Fernsprechton.
Doch nur der Kranke ist am Telefon.

Hieb- und stichfest

Ob üppig oder schlank gebaut,
ob mager oder wohl dotiert,
man sieht anstelle blanker Haut
schwarz-grau sie oder koloriert.

Was hier und da intime Stelle
einst manches Gockels, mancher Eule
verzierte, macht auf alle Fälle
nun einige zur Litfaßsäule.

Der Mini-Presslufthammer flitzt
und summt sein Lied von Farben,
lässt jeden Ton, weil angespitzt,
bald subkutan vernarben.

Ob leis' ein Stöhnen oder laut,
der Tanz scheint auszulaugen.
Den Einen brennt er auf der Haut,
den Andren in den Augen.

Es fragt sich, welche Glut hat da
gewirkt in großen Flächen,
Tattoo tataa, Tattoo tataa,
und wem gelingt zu löschen?

märchenhaft sagenhaft

Der Stein der Weisen
(in Da-wo's)

Da, wo's stets grün ist, auch in Herbst und tiefstem
Winter,
obschon vom Baum die Blätter absinth, ja absinther,
sogar absinthest, also gar nicht mehr zu steigern,
da, wo's Bereitwilligkeit gibt, sich zu verweigern,
da, wo ein jeder Keim in Grund und Boden sprießt,
da, wo zum Bach gestauter Fluss stromaufwärts fließt,
da, wo's Eunuchen gibt, die zeugen Kind um Kind,
weil die Methoden, heißt es, furchtbar fruchtbar sind,
da, wo die Himmel einfach ohne Wolken regnen,
da, wo sich Parallelen einhellig begegnen,
da, wo die Lahmen sehen und die Blinden gehen,
die Tauben hören, wie die Schiffe dort entgleisen,
genau da, wo die frisch gefällten Tannen stehen
beim Butterberg und dem Vanillegipfel,
da fliegt der Stein der Weisen
um deren Wipfel.

Olympia
(Eine Vorausscheidung oder allerhand
in Griechenland)

In der Blüte der Antike
ging in Griechenland es schnieke
zu. Weshalb? – Das lässt sich ahnen.
Es gab Götter und Titanen,
Halbgottheiten, Ungeheuer,
Denker, Helden, Abenteuer,
in Amphitheatern Spiele,
Schau- und sportliche, kurz: Viele
dieser Dinge sind toujours
Zeichen einer Hochkultur.

Doch man sollte nicht verschweigen,
solchen Zeiten ist zu eigen,
der, der zu viel Wohlstand kennt,
wird zuweilen dekadent.
Dann wird Menschen unterstellt:
„Ihr seid nah der Unterwelt!",
so der Wortlaut der Propheten.
Ebenso sind ungebeten
Feststellung und Hohn der Spötter:
„Wie die Menschen, so die Götter!"

Doch nicht allein die Sterblichen
macht Luxus zu Verderblichen.
Wenn sie von Göttlichem gern träumen
im Überfluss sogar, so säumen
die Ufer ihres Lebenspfades
stets beide, Himmel sowie Hades,
wobei der Weg auch, wie verkündet,
fast ausnahmslos in letzten mündet.
Der Himmel blieb den Zeitgenossen
in der Antike so verschlossen.

Allenfalls vielleicht ein Held
ward den Göttern gleichgestellt,
dank der Taten, die zu loben
sind, in den Olymp gehoben.
Dies legt eines nahe, nämlich
Götter sind den Menschen ähnlich,
körperlich von Zeh bis Scheitel,
zwar unsterblich aber eitel.
So ist nicht verwunderlich:
Man blieb lieber unter sich.

Wär' da nicht ihr Imperator,   (sprich: Imperater)
Zeus, bekannt als Göttervater,
dem es nur zum Teil behagte,
wenn ihn Langeweile plagte
a) daheim in seinen Wänden,
b) besonders in den Lenden.
Damit auch er ein Sönnchen sähe,
suchte er der Menschen Nähe,
wenn er seine Krise kriegte   (sprich: krichte)
und sich unter diese mischte.

Lasterhafte wie die Frommen
sind zwar leidlich unvollkommen,
dafür von besond'rer Güte
in der Phase ihrer Blüte.
Deshalb und zum Zeitvertreib
nahte Zeus so manchem Weib
zwecks Verführens sich als Tier,
- Europa wie bekannt als Stier -
dass die Schönheit nicht erschrecke
und sein Weib ihn nicht entdecke.

Göttern galt und gilt die Warnung,
irdisch funktioniert die Tarnung
zwar, doch nicht im Firmament.
Dorten ist sie transparent.
Wo antike Götter wohnen,
wirken keine Illusionen.
Hier gelingt nicht, schön zu färben.
Götter müssen zwar nicht sterben,
doch auch ihnen steht geschrieben
ins Gesicht: Nicht jung geblieben!

Ewig jugendlich? – Geschissen!
Feinster Lack zwar, doch mit Rissen.
Spuckte nicht der Zahn der Zeit
anfangs jeder Göttlichkeit
im Olymp in ihre Suppe,
wär' er jetzt noch Krabbelgruppe.
Und was gäb' es für Geschichten
dann von ihnen zu berichten?
Solche einer Säuglingsfete,
statt Elite nur Alete.

Besser ist doch, wir erfahren
von Göttern in den besten Jahren,
wenn wir auch nicht zu fassen kriegen,
wo die denn so bei Göttern liegen.
Egal, in der antiken Zeit
gerieten Göttinnen in Streit
und machten die Beliebtheitswette,
wer nun den größten Liebreiz hätte.
Dem aber drohte ein Debakel,
denn jede dieser hatte Makel.

Doch dazu später. Vater Zeus
jubilierte: „Girls and Boys,
ich war, scheint's, nicht der Stümperhafte,
als ich einst den Olymp erschaffte.
Bau wie Bewohner zum Erstaunen
gibt's mit Ecken, Kanten, Launen.
Eifersucht und Streit entsteh'n
um das beste Göttin-Gen.
Dem Himmel gibt das Schub sogar,
kurz: Hellas sucht den Superstar!"

Es machte dieses Slogans Kunde
wie ein Lauffeuer die Runde.
Im antiken Griechenland
entfachte sie 'nen Flächenbrand.
Jeder Mann rief bloß sofort:
„Top-Ereignis, großer Sport!"
Wenn nun die Siegertreppenstufen
so wie dereinst die Götter rufen,
verwundert es, stellt man sodann
dem einen Fackellauf voran?

Wohl kaum. – Der Wettkampf war geboren.
Jetzt fehlten diesem noch Juroren.
Doch dieser Job, seit es ihn gibt,
ist nicht so sonderlich beliebt.
Wer mies bewertet, kann verletzen
und selbst sich in die Nesseln setzen.
Bei Göttinnen bedroht dich Streit
dann bis in alle Ewigkeit,
was damals dazu führen sollte,
dass nicht mal Vater Zeus ihn wollte.

In allgemeinem Unbehagen
begann man Halbgötter zu fragen,
gab vor, dass sich bei schweren Hürden
gerade sie bewähren würden.
Ob der Offerte die Versehrten
sich bei den Göttern so beschwerten:
„Spielt nicht mit unseren Gefühlen,
wir säßen in denselben Stühlen!
Wir rollen; – und noch, Ihr Gesunden,
sind Paralympics nicht erfunden!"

Drum sollte Zeus' Entschluss nun reifen,
auf Sterbliche zurückzugreifen.
Erstens wäre den zu eigen,
liebend gerne aufzusteigen,
zweitens der vorprogrammierte
Ärger nur der limitierte
maximal auf Lebenszeit.
Ergo seien gern bereit
viele sterbliche Gesellen,
sich der Aufgabe zu stellen.

Doch ein weiblicher Juror
kam Zeus kaum geeignet vor.
'Ne Abfuhr würde ihr erregt
als Neid und Missgunst ausgelegt.
Das schönste Stimmungshoch kann kippen
für sie unter den Xanthippen.
Doch wenn er sich 'nen Knaben gönnte,
der einfach jede haben könnte,
dann würd', 'ne Abfuhr zu bekommen,
von ihnen nicht so schwer genommen.

So jedenfalls nach Plan des Zeus'.
Doch in der Tat, da war es scheuß-
lich schwer, den richtigen zu finden.
Die Götter mussten sich schon schinden,
beklagten dies, und durch des Lärmes
dessen drang zu Zeus des Hermes
Ruf, es sei ein Wunderknabe,
den kürzlich er gefunden habe,
dass alle er vom Sockel stieße,
ein Schönling sei und Paris hieße.

Infolge brachte Hermes flugs
den jungen Mann von bestem Wuchs
zu Zeus. Der jubelte: „Heureka,
der ist was wie der Undertaker!
Dem ist vor siebenköpf'ger Schlange
nicht Zerberus noch Weibern bange.
Der lässt sich selbst nicht unterkriegen
verhilft der Richtigen zu siegen.
Und ist, was noch zu sagen bliebe,
Paris nicht auch die Stadt der Liebe?"

Von da an ward dem Kandidaten
das Spiel nebst Regelwerk verraten,
sein Ort und der Termin fixiert.
Dann ward final er instruiert,
am Ende aller Wettstreitthemen
die Siegerehrung vorzunehmen.
Es stünden zum Triumph bereit
die Damen artig aufgereiht.
„Und wer von dir den Apfel kriegt",
sprach Vater Zeus, „der hat gesiegt!"

„Nun für den Schlager aller Kassen
bloß nichts dem Zufall überlassen!
Denn sonst rumort es", mahnte Hermes,
„uns im Gefilde des Gedärmes
oder schlägt uns auf den Magen
und führt allseits zu Unbehagen
und Schweißausbrüchen. Solche Leiden
lassen sich gezielt vermeiden,
gibt es vorab noch ein/zwei Proben
der Abläufe und Garderoben."

Gesagt, getan. – Es wurd' gezielt
der Showteil mehrfach durchgespielt,
ge-talkt in reizenden Kostümen
sowie posiert auf vielen Bühnen.
Wobei bereits die reich Verzierten
selbst probehalber konkurrierten,
versuchten sogar durch Versprechen
den Paris heimlich zu bestechen.
Doch seiner Rolle war zu eigen,
sie hüllte sich, und zwar in Schweigen.

Das war nicht von dem Mann devot,
noch prüfte er ihr Angebot.
So etwa das von Aphrodite.
Sie flüsterte ihm zu: „Ich biete
des schönsten Weibes Lieb' und Lende."
„Ich biete Weisheit ohne Ende.",
bot ihm Athene für die Ära
seines Daseins. Göttin Hera
versicherte mit aller Kraft:
„Ich biete dir die Weltherrschaft."

Nicht so, dass sich vor 'ner Offerte
Paris dem Grunde nach versperrte,
sie gingen ein um andre Male
vergleichend ihm durchs Cerebrale.
Tatsächlich schwankte er beträchtlich,
was erst mal nicht allein verächtlich
war, zwischen dem, und zwar von dem her,
welcher Lohn ihm meist genehm wär
und der Frage, wer von ihnen
würde einen Sieg verdienen?

Und: 'Welche dieser Weibs-Gestalten
würde ihr Versprechen halten,
oder aber, wie hingegen,
wäre dieses auszulegen?
Wer die Herrschaft einer Welt
durch der Göttin Werk erhält,
weil er sich ihr ganz verschreibt,
läuft Gefahr, ihr Veto bleibt.
Aphrodite – weil so eitel –
hätt' er selbst hernach am Beutel.

Wäre dies ihm ein Genuss,
und der Weisheit letzter Schluss?',
dachte er mit Recht und Fug:
'Athene, ich bin klug genug.'
Daher wurde klar sich Paris,
'ich belohne das, was wahr is'.'
Dennoch sah er leicht verlegen
großem Show-Event entgegen,
wie er ohne Spott und Häme
aus gefühlter Klemme käme.

Was vorher keiner aus sich malte,
am Festtag der Olymp erstrahlte,
was sag' ich, ihn umfing ein Gleißen
von unendlich vielen weißen
Leuchten, welche alle Wolken
oben wärmten, unten molken,
um nach kurzem, starkem Regen
Hellas' Himmel freizulegen,
dass auch die Menschen, so sie wollten,
das Top-Event verfolgen sollten.

Bestrahlt wurd' sogar das Gedränge
der Irdischen der ersten Ränge
genau so wie der ersten Reihen;
Verhältnisse, die nichts verzeihen,
egal ob mit, ob ohne Sühne,
im Publikum wie auf der Bühne.
Wen jemals helles Licht getroffen,
weiß, schonungslos legt dieses offen.
Bei Schönheit ist das vorteilhaft,
doch auch dem Mangel gibt es Kraft.

Was Paris probend schon bemerkte,
das grelle Rampenlicht verstärkte.
Denn selbst der tüllverhüllten Hera
war anzusehen, sie wird schwerer.
An schlanken Beinen der Athene
sah man so manch', verkrampfte Vene.
Und selbst die eitle Aphrodite
litt offenbar an Zellulite.
'Verdammt!', frug Paris still, verschwiegen
sich darob, 'Welche Milf soll siegen?'

Was man ihm nicht verdenken kann,
er fing, sich abzulenken, an.
Sein Schauen zog sich in die Länge
gen erster Reihen, erster Ränge,
bis er die glatte Pelle sah.
Dieselbe hatte Helena
sowie gewelltes, langes Haar,
feurige Augen, wunderbar,
und war von allerfeinstem Wuchs.
Paris verfiel ihr und zwar flugs.

Derweil war aber nun schon lange
der Streit der Göttinnen im Gange
mit einer großen Zahl von Spielen
– anspruchsvollen, infantilen –
Modenschauen mit famosen
Cat-walks und Verführungsposen
der feinen Art sowie der schlechten,
gewürzt mit reichlich Wortgefechten
und Sprücheklopfen flach und schmissig,
summa summarum, stutenbissig.

Paris erschrak. – Mit einem Male
wurd' ihm gewahr, es war Finale.
Er sah sich um. Bei Stoff und Tüll
erblickte er 'nen Kübel Müll,
die Göttinnen im Abendkleid
gespannt, podestnah aufgereiht,
den Moderator, sich verneigend
und mit dem Finger auf ihn zeigend,
und blanken Apfel ohne Fäule
auf Samtkissen und Siegersäule.

Aus Träumen durch Applaus gerissen
hatte Paris ausgeschissen.
Er musste, es war seine Pflicht
nun, ob er wollte oder nicht.
Athene, Hera, Aphrodite,
wer war nun Sieger, wer nur Niete?
Die letzte als ein eitel Ding
ihm kräftigst auf den Beutel ging.
Und sah er auf die Helena,
wurd' ihm auf alle Fälle klar:

'Bevor du mit dem Tafelobst
der Eitelsten Geschwafel lobst,
die Stämmigste von ihnen kürst,
die Schlank'ste zum Podeste führst,
isst du es lieber selbst, indes
hältst du dir fern Hippokrates!'
Es schien, als habe einst der Mann den
Göttervater nicht verstanden,
als Aphrodite, die erbleichte,
Paris final den Abfall reichte.

Die – nach einer Schrecksekunde
mit weit aufgeklapptem Munde –
schalt ihn lauthals: „Kostverächter!"
unter Publikumsgelächter.
Paris kurz vor seiner Flucht
griff noch nach der Siegerfrucht,
worauf er nicht zimperlich
backstage dem Olymp entwich,
irdisch Helena aufspürte
und sie mit dem Obst verführte.

Nicht einer Göttin war der Sieg.
Und wegen Helena gab's Krieg.
Sie war bereits royal gefreit,
ging fremd ob einer Süßigkeit
von einem wunderschönen Mann.
Seit Krieg um Troja hieß es dann,
wenn zu viel Süßes wer verzehrt:
„Der Apfel fällt nicht weit vom Pferd.
Auch wenn du es zunächst nicht einsiehst,
pass lieber auf, was du dir reinziehst!"

Der Aphrodite blieb da nur
nichts als die erste Müllabfuhr
des Altertums. - Wenn auch verhasst,
ist so der Götter Ruf verblasst,
egal ob männlich oder weiblich.
Der Schwerpunkt liegt auf irdisch, leiblich
inzwischen. Und läuft da was krumm,
hilft ein Aphrodisiakum:
Recyclingwirkstoff genital
gegen den Satz: Es war einmal.

Bis heute aber bleibt verflucht:
Ein Superstar wird stets gesucht!

Geschichten und Geschichte

Phantastisch, clever, stets gekonnt
und smart erscheint uns Mister Bond,
wenn er in Seinsgefahr gerät
im Auftrag seiner Majestät,
verdeckt in Notwehr operiert
und stets zum Sieg die Guten führt.

So das Gerippe der Geschichten,
wie wir sie immer seh'n und lesen
in der Fiktion. – Fakten belichten
im Rückblick, was real gewesen
ist, und nicht, was wir vermuten:
Wer sind die Bösen, wer die Guten?

(Zu diesem Gedicht hat mich Dr. Daniele Ganser, der Schweizer
Historiker und Friedensforscher inspiriert. Mein Erstkontakt mit ihm
war sein Vortrag über verdeckte Kriegsführung.)

Katerstrophen

Trinkspruch

Durch Kopf und Kragen
in Leib und Magen
vom Scheitel zur Sohle
allseits zum Wohle.

Alkoholgehalt

Es wird wohl keinen überraschen,
auch unter Menschen gibt es Flaschen.

Zwischen Promille und Prozent
den Unterschied die Mehrheit kennt.

Den Spritgehalt im Hohlgefäß
verrät das Etikett indes.

Jedoch die menschliche Gestalt
verbirgt den Akoholgehalt.

Es sei denn, sie treibt's allzu doll
und ist bereits hochachtungsvoll.

Berauschende Feststellung

Kürzlich fiel mir auf beim Saufen,
dabei war es mein Misslingen,
so ein Bierglas kann nicht laufen,
dafür umso besser springen.

Nie der Gang, oft der Lauf

Es war einmal ein Eichelhäher,
der hatte keinen Speichel mehr,
weshalb das Tier sowohl servil
als fix dem Alkohol verfiel.

Kein Wunder ist, dass, wer so handelt,
sich nach und nach zur Drossel wandelt.
Wer nur an Höhenflügen bosselt,
der landet auch, bloß ungedrosselt.

Simultan

Jene, die sich die Theke teilen,
kennen und auf dem Weg beeilen,
sich an Getränken zu berauschen,
belieben, Worte auszutauschen,
und möchten Ohr und Mund beleben
wie wechselseitig Runden geben
aus Flasche, Glas und Tonbecher.
So sind sie, die Synchronzecher.

Nur zeigen beim konstanten Zechen
sich bald bei Konsonanten Schwächen.
Der Frage Kern, worüber schwätzen
sie nun, ist kaum zu übersetzen.

Bei Dürre

Der Durst wird nicht nach Tropfen fragen,
er sehnt herbei den Überschwall.
Bei mangelhaften Hopfenlagen
wünscht sich der Hals den Pilsbefall.

Beim Wein

Nah sind im Weinpokal sowohl
Wohl als auch Weh, dank Alkohol.
Sie schmeicheln, necken und liebkosen
sich wie den Trinker. Und die Dosen,
die sich letzter einverleibt,
bestimmen, welches übrig bleibt.
Und hin und wieder trifft man einen,
dem ist bereits beim Wein zum Weinen.

Stammtisch

Fast immer, wenn die Durstgeplagten
sich zugeneigt am Stammtisch tagten,
dann waren sie, wie oft in Pinten,
die alkoholisch Gleichgesinnten.

Wenn viele ihrer sich gut kannten
und einer trug die sogenannten
Spendierbeinkleider, ward vereinigt
der Trinkvorgang zumeist beschleunigt.

Kreiswärts beherztes Humpenfassen,
wer wollte sich schon lumpen lassen
um eig'ne Empathie verlegen:
Das spricht für Einfüllungsvermögen!

Filmriss
(nach feiner Wortkombination von Freund Bruno Bings)

An der Theke lehnend, zechend
wankt ein Trinker in der Bar
und gibt von sich dement sprechend:
„Was weiß ich, was gestern war?!"

naschhaft schmackhaft triebhaft

Aphrodisierend

(Mit letztem Schüttelreim wartete einmal mein Freund Hermi
Engelhardt auf, was zweifellos inspirierte.)

Was sollten die, die schlüssig Flecken
ins Laken wollen, flüssig schlecken?
Und was vermag denn sehr zu zünden
unbändigen Verzehr zu Sünden,
dies ohne einen Zwang zu dreschen
und dominanten Drang zu schwächen.

Die Paare sich vertragen sollen
statt Mann sich nach Versagen trollen.
Denn mögen, die sich frisch besuchten,
nicht ganz allmählich sich befruchten?
Sich, sei man drum geneigt, zu stützen
und alles, dass „er" steigt, zu nützen.

Ein wenig Alkohol gefällt:
Die Erektion infolge hält.
Hingegen reichlich Hopfenstemmen
wird manches Löcherstopfen hemmen.
Für zwei ein kleiner Spitzenriesling
und sie verlangt den Ritzenspießling.

Aufgeplustert

Es prahlt das männliche Geschlecht
besonders gern unter Kollegen
verbreitet oft mit dem Gemächt,
Stoßzeiten sowie Stehvermögen.

Sie haben den und sind die Größten.
Im Falle einer Analyse
wären viele die entblößten
Genossen mit Harnanhangdrüse.

Auslese, natürlich

Nicht nur zum Zwecke der Vermehrung
erweist sich schlechterdings die Störung
der sogenannten Erektion
als ganz akute Selektion.

Macht stolzen Mann zwar zum Patienten.
Was bringt sie indes den Stress?
Ist sie bei chronisch Impotenten
nicht einfach standesgemäß?

Außer Plan aus der Bahn

Erst die reizende Offerte
eines steilen Zahns vernommen
und dann – ist das nicht die Härte? –
letztlich nicht zum Zug gekommen.

Nicht der Dame Rückzug hemmte
ihren Vorgang der Vermehrung.
Vielmehr eine Weiche klemmte.
Diagnose: Schwellwerksstörung.

Barbeque-Bekenntnis

Hört bloß auf um Himmels Willen,
vegetarisch mir zu grillen.
Mit Zucchini, Auberginen
kann man mir so gar nicht dienen,
sei'n sie noch so raffiniert
olivenölig mariniert,
würz- und krautgebeizt getaucht,
mediterran knoberlaucht,
dass hernach sie zum Verrecken
wenigstens nach etwas schmecken.

Ein Angebot von Gurkenschiffen
ist von Genanntem inbegriffen.
Die Folienkartoffel gart
zart außen und bleibt innen hart.
Hat man ihr Zentrum gar gewählt,
wird dick verkohlter Rand geschält

vor heiß erwartetem Verzehr.
Ihr Röstbeginn ist lange her.
Und Mais zu grillen, ist kaum besser;
ich seh mich nicht als Kolbenfresser.

Chapeaux, die um der Tiere Willen
kein Fleisch mehr, nur noch Pflanzen grillen.

Beflissen

Die Erinnerung dank meiner Mühe
heute Morgen in der Herrgottsfrühe
rückte letzten Abend mir ins Licht.
Und ich dachte selig, den bereu' ich nicht.

Was nicht immer heißt, wenn ich mich freue,
eine Nebenwirkung wäre dann kein Grund zur Reue.
Denn schon fiel mir ob der Geschichte just ein,
wenn schon, bereue ich mein Pflichtbewusstsein.

Bei Männlein wie Weiblein

Oft wird, wer eine Schönheit ist
und überdies auch ein Narzisst,
durch Letztgenanntes sehr gebeutelt,
weil dies die erste schwer vereitelt.

Behandlung

Zum Hausarzt lenkte einst der Schritt
den Mann, der an 'nem Hartspann litt
und über starke Schmerzen klagte.
Der Doktor aber zu ihm sagte:

„Ich verschreibe selten Pillen,
und wenn, dann nur mit Widerwillen.
Als wär' was aus der Pharmazie
die einzig wahre Therapie.

Es gibt doch mehr noch, um den bösen
Schmerz und Verspannungen zu lösen,
als ständig chemische Substanzen
diverser Muskelrelaxanzen.

Um damit nicht zu übertreiben,
werd' Ihnen Rotlicht ich verschreiben.
Das hilft zu heilen wie zu lindern
und Drogenmissbrauch zu verhindern!"

Das Stichwort aber rief spontan
nun den Patienten auf den Plan,
der kritisch ist und kurz gesagt,
den Rat des Arztes hinterfragt.

Mit Vorsicht bei Myogelosis
taste man sich an die Dosis
von Rotlicht, sagte sich der Mann:
„Ich fang' mal mit 'nem Viertel an."

Dekadent(e)

Es stimmt zur Bekämpfung des Triebstaus versöhnlich
Versnobte allein das, was austergewöhnlich
ist oder, zu sein scheint. Sie frönen Grotesken;
da sind cocktailweise gefragt Hummeresken.

So scheinen zum Beispiel nur Wässer zu schmecken,
die vor dem Verzehr in Muranoglas stecken.
Hauptsache man ist Regularien fern
und singt, dem gefolgt, Kaviarien gern.

Statt Sekt nur beliebt man, Champagner zu süffeln,
und schwört auf das Beiwerk von Safran und Trüffeln
im Glauben, es sei delikat und erlesen,
solang' es kostspielig und abnorm gewesen.

Das Urteil der Insider und keiner Laien
zählt, geht es um edelster Art Schweinereien.
Wer's leugnet, ist Kolporteur banaler Lügen.
An Stopfgans hab'n sie und an Aal Vergnügen.

Die Leiden des Jung-Entwerter
(frei und kurz nach Goethe)

Die Jung-Kontrolleure im Jetzt,
sind traurig gestimmt, ja entsetzt:
Kaum ein Ticket im Verkehr,
welches abzuknipsen wär,
nur elektronische Billetts.

Dienstreise

„Ich habe drei Tage zu essen bekommen,
so reichlich und ein Gürtelloch zugenommen!"

Da spöttelte eine Kollegin sogleich:
„Die haben hier auch einen Fitness-Bereich."

„Fein!", sprach ich, „Da bring ich den Gürtel mal hin.
Hier macht eine Einheit Dehnübungen Sinn."

Digitales Zeitalter

Nicht erst seit elektronische Maschinen
der Menschheit und dem Kalkulieren dienen,
wies sie das Digitale und Binäre
bereits, womit korrekt zu rechnen wäre.
Hat in der Steinzeit zwei die Libido erwischt,
hieß in dualen Zahlen: Schwanger oder nicht.

Du hast dich kaum verändert

Gefährlich ist, aus freien Stücken
Komplimente zu zerpflücken.
Wer über sich ein schönes liest,
ist klug, wenn er es still genießt.
Alleine daran dürfte liegen:
Ab diesem Vers bin ich verschwiegen.

Ernüchternd

Kaum eine Tugend zählt zu den bequemen.
Doch wenn Geben seliger ist, denn zu nehmen,
erscheint dies nicht zwingend als Frage der Ehre.

Im Rückblick beseh'n hab ich — wörtlich genommen —
statt Abschied zu nehmen, manch' Abschied bekommen,
meist ohne dass er mir dasselbe auch wäre.

Er-probt

Ich bin's, der ungern etwas aufschiebt,
drum hier und jetzt das Rauchen aufgibt.
Auch nun wird mir wie oft schon glücken,
die letzte Kippe auszudrücken.

Der Flug der Liebe
(frei aus des Knaben Wunderhorn)

Wenn ich ein Vöglein wär'
und auch zwei Flügel hätt',
flög' ich geschwind.
Weil ich zu blöd und schwer
bin und ein Bügelbrett,
bleib ich im Spind.

Frühlingserwachen

Allmählich aus zentral beheizten Wänden
keimt eine Sehnsucht, die ins Freie zieht.
Selbst Stubenhocker ins Gelände senden
kann sie, wo manches Feromonfeld blüht.

Es ist der Lockruf des Begehrens.
Zur Liebe zieht es mich energisch hin
selbst dann noch, wenn vom Feinstaub des Vermehrens
die Luft erfüllt ist, auf den ich allergisch bin.

Gedanken über ein Maskottchen
(Der Teddy der Aids-Hilfe)

Ein Bär ist trotz des Bildes hier
statt Kuschel- auch ein wildes Tier,
der, wenn sein Hunger nicht gestillt wird,
zuweilen ganz besonders wild wird.

Trotzdem bedroht das HIV-
Virus gleichfalls Mann wie Frau!
Das heißt, dass, wenn man ehrlich ist,
nicht nur ein Bär gefährlich ist.

Geduld

Geduld ist gerne als Gelingen
in sanfter Langmut zu begreifen.
Sie gibt den angepeilten *Dingen*
Zeit und Gelegenheit zu reifen.

Sie beiden stets zu überlassen
und nur, hat manchen schon vergrault.
Ein Ziel verharrend zu verpassen,
ist langer Atem, der verfault.

Die Zeit, so heißt es, wird es richten,
wie der, der glaubt, den Blick gen Himmel.
Um, was wie wird, mal zu belichten:
Das meiste ist kein Edelschimmel.

Generation head down

Gebeugter Blick auf rechte Hand verrät,
die Frau bedient beim Gang ein Endgerät.

Fraglich ist, ob dessen Kamera ihr nützt,
oder ist ihr Fußweg gps-gestützt?

Des Kleinkinds Mühen sind, scheint es, verflucht,
wenn es im Augenblick Kontakt zur Mutter sucht,

verdammt, im Grundbedarf der Depp zu sein:
Es ist für Endgerät und App zu klein.

War ohne Smartphone nicht schon ohne Ahnung
moderne Frau bei der Familienplanung,

oder wies die Fitness-App sie fern der Lüste,
wie weit die Dame heut' noch gehen müsste?

Geschmeidig prickelnd

Es stehen nicht allein bei Kerlen
zuweilen hoch im Kurs die Perlen.
Perfekt und ganz besonders cool
sind Perlen in Pokal und Pool.

Gewichtige Frage

Warum ist – nach des Volkes Lippen –
bei denen, die auf ihren Rippen
etwas zu viel haben sollen,
die Nabelgegend geschwollen?

Glücksspielfelder

Englands Adelige schätzten
einst es, auf ein Pferd zu setzen.
Deutschland spielte nach dem Motto
Glücksspirale, Toto, Lotto.
Heut' noch winkt das fette Los
anzahlreicher Wettbüros,
insbesond're in den Zeiten,
wenn sich Top-Athleten streiten
weltweit, örtlich, fern wie nah:
EM, WM, Olympia.

Mit Fernsprechintelligenzen
sprengen Wetten jetzt die Grenzen.
Bunt künden Apps nun, schlicht wie Kirmes
vermittels deines Wischbildschirmes
facettenreiches Wetterlebnis,
und nicht wie einst nur auf's Ergebnis;
mitnichten, es mag sich erstrecken
etwa auf die Zahl der Ecken,
gelbe Karten und die roten,
Flanken sowie Fehlpassquoten.

Und die Absicht allen Sinnens
ist – wie einst – die des Gewinnens.
Die Fernsehwerbespots betonen,
online zu wetten, wird sich lohnen,
sowie der Spieler Massen einen.
Ich kannte davon lange keinen.
Dann nahm ich an der Theke Holger
wahr als Statistiken-Verfolger.
Er gab dann zu: „Bei Bet and Win
setz' ich, wenn ich am Wetten bin."

Gespannt nahm ich ihn in die Zange,
wie oft denn dies schon und wie lange?
Die Antwort frei heraus wie wendig
kam ungeniert sowie geständig.
Er wär' sich überdies bewusst,
in Summe sei er im Verlust.
Die Einsicht war mir Grund zum Spaße,
er sei auf der Gewinnerstraße
wie viele auch, schon jahrelang,
nur leidergott's im Rückwärtsgang.

Goethes Faust in der Tasche

„Mein schönes Fräulein, darf ich's wagen,
Arm und Geläut' Ihr anzutragen?"
„Bin weder Fräulein weder schön
bekloppt, dir auf den Leim zu gehn!"

Des Doktors Lockruf ist gescheitert
an Grete, welche frisch geläutert
von ihrer Beichte rückgekehrt ist,
die hier kein Beichtgeheimnis wert ist.

Fazit: Die Margarete ist so
fromm, da hilft auch kein Mephisto.

Des Doks Geläut blieb ungerührt,
falls es nicht Goethes Faust geführt.
Und ohne Zug am Seil frohlocken
selbst nicht die best gestimmten Glocken.

Göttin in Weiß

„Frau Doktor, ist mein kleiner Gnom
vielleicht ein böses Karzinom?
Es ist akut und wie verhext,
wie schnell und sehr derselbe wächst.
Es lässt mir Herz und Kreislauf rasen.
Bedroh'n mich Krebs und Metastasen?
Die Panik packt mich bei den Nüssen,
das werden Sie behandeln müssen.
Ich glaube, wenn Sie sich beeilen,
wird Ihre Kunst mich sicher heilen!"

Guckt die bessere Hälfte komisch
(aus männlicher Perspektive)

Schauen Hälften irritiert,
soll das keine Rolle spielen.
Vergeblich der Zyklop probiert,
mit einem Auge nur zu schielen.

Kult-Touren

Meistens ist im Walzertakt
nichts als nackte Balz verpackt.

Bein-nah hebt beim Mann so ganz
heimlich was der Tangotanz.

An sich eng umschlungen schmiegen
steht meist vor dem Jungekriegen.

Letzte Sieger
(Der Stoff, aus dem Helden sind)

Wenn Heldenbrüste so sich zeigen,
dass stolzgeschwellt sie bäuchlings neigen
und im Verbund die Scham bedecken,
gehören sie oft alten Recken.

Loblied auf das CHIO

Man muss kein Pferdekenner sein,
der Laurensberger Rennverein
hält ab in Aachen, und nur hier,
sein weltberühmtes Reitturnier.

Das Pferd ist, seit es dieses gibt,
bei allen Aachenern beliebt,
mal vorgespannt und mal geritten,
und ab und an sogar mit Fritten.

Magische Verführung

Wäre der nicht schlau, der schafft,
eine Schönheit zu verführen,
ohne echte Zauberkraft,
ohne einen Trank zu rühren?

Priester brauen keine Suppe,
so wir denn von Voodoo sprechen:
„Schätzelein, sei meine Puppe
und dann werde ich Dich stechen."

Mahnung

Bedenklich ist, wonach man strebt,
damit es nicht den Tag verdirbt,
bemerkt man erst, man hat gelebt,
im Augenblick, in dem man stirbt.

Mehr ist nicht drin

Ich habe eine Nachbarin,
ein wunderhübsches Mäuschen.
Ach wäre da was machbar, bin
schon völlig aus dem Häuschen.

Sie lässt mich nicht – nicht rein, nicht ran.
Ich wohn' an ihren Räumen.
Das ist gemein, allein ich kann
beim On-line-Spielen träumen.

Nachvollziehbar

Die Nymphomanin ist stets Frau der Tat,
weil sie einen Bärenhunger hat.

Nicht nur bei Gewitter

Eicheln sollst du streicheln.
Busen sollst du schmusen.

Naturschauspiele

Testosteron stellt unter Dampf.
Männlichkeit führt drum zum Kampf.
„Echte" Männer müssen machen,
daher das Geweihekrachen.

Wo bleiben Homo Sapiens
Verstand, Geschick, Intelligenz,
wenn die alleine darauf zielen,
sich aufzuplustern und –zuspielen?

Ein Hoch der Kraft und schönem Schein.
Bei Mangel springt sein Plural ein.
Als dann erweist ein „Gender" sich,
er geizig, sie verschwenderisch.

Ode an die Freude
(am Beispiel der Verklemmten)

Ich sage es dir lieber jetzt,
der Sex wird gerne überschätzt.
Du bist so schön und erzkatholisch.
Er ist hingegen diabolisch,
und nicht nur deshalb zu verteufeln.
Es gibt doch keinen Grund zu zweifeln,
dass seine Wonnen, seine Lüste,
verderben, man ins Reine müsste,
verführe man in seinem Leben
nur so, sich diesem hinzugeben

in untertäniger Verehrung.
Nun gut, er dient zwar der Vermehrung
und so natürlicher Gestaltung
der triebgelenkten Arterhaltung,
da Gott im Kreativberuf
den Leib als Mann und Weib erschuf,
damit die Menschen schon ab morgen
allein die Produktion besorgen.
So sind sie in *den* Trott gerollt.
Sex ist anscheinend gottgewollt.

Bei dem Gedanken wird man panisch,
ja was ist dann an ihm satanisch? ...
... dass die in scheinbar tiefem Glauben
sich um den Spaß an ihm berauben?
Es dienen Trinken sowie Essen
erst dem Ernährungszweck, indessen
es immer schon in Menschenschädeln
rumorte, beides zu veredeln.
Es war einst der Ertrag mehr kläglich.
Zu garen machte leicht verträglich
und haltbar. Doch in höchster Gunst
steht dann die Zubereitungskunst,
dem reinen Zweck entfernt, ein Muss
für Kenner mit dem Ziel: Genuss!
Ich lass' mir darum nicht verdrießen,
was mir serviert wird zu genießen,
und überdies mir nicht vergällen,
etwas, das *mir* schmeckt, zu bestellen.
Und drum reizt tendenziell „frivol" mich
etwas mehr als „streng katholisch".

Die schönste Frau stets zugeknöpft
ist wie ein Philosoph, geköpft
und fast dasselbe wie, versetzt
zu sein. – Der Sex wird überschätzt,
zuweilen, häufig der mit mir –
bestimmt viel öfter der mit dir.

Ohne Nährwert

Eine Magersucht-Madame
nah dem Limit ihres Lebens
fragt nach verlor'nen Kilogramm
in einem Pfundbüro vergebens.

Schein eines Irrlichts

Nur allzu leicht glaubt man, das Neue
sei ersten Ranges Feind der Treue.
Da fragt sich, ob der, dem, was neu ist,
nicht erst begegnet, wirklich treu ist?!

Seelencreme

Vertraut bei Schokolade man des Volkes Kehle,
sie wäre Nervennahrung, Balsam für die Seele,
so bringt ans Licht ihr ungezügelter Verbrauch,
nervöse Seele wächst, und sie bewohnt den Bauch.

Schein-Bar

Es ist eins der Phänomene,
wie magnetisch das Mondäne
auf die meisten Männer wirkt.

Vorsicht an glamourösen Rampen.
Nicht dass der Rock lasziver Schlampen
im Zwielicht Divas Riegel birgt.

Service-Garantie

Liegt ein Nahrungsmittel schwer im Magen,
denn bei der Produktion ging was daneben,
der Verzehr wird flächendeckend nicht vertragen,
es müssen sich die meisten übergeben,
wird das zwar nicht als angenehm empfunden,
so handelt es sich doch um die Fraktion
der Prophylaxe, des Erzeugers Dienst am Kunden
diskret verbauter Rückholaktion.

Sprichwörtliches

Wie sagten schon die Angel-Sachsen
als Liebhaber der schönsten Nixen.
Ohne sie geht's uns durchwachsen,
und besser wird es nicht durch Wissen … darum.

Überraschend zwangsläufig

Wenn einem Mann, der leicht ergraut,
ein Weib tief in die Augen schaut,
das selbst von lieblicher Gestalt,
und diesen lässt dies trotzdem kalt,
bedeutet die Begegnung bloß
nicht stets, er sei erregungslos.
Die Chance besteht, dass sie in Wahr-
heit seine Augenärztin war.

Verwandlung

Währung kann ein jeder brauchen
und benutzt sie bloß zum Spaß.
Manche trinken, manche rauchen.
Ein Wunder: So wird Moos zum Gras.

Wer stiert?

Schaut einer wen'ger oder mehr
andern Weibern hinterher,
die anscheinend eine Wucht sind,
liegt's daran, dass sie auf der Flucht sind?!?

Wichtige Wahrheit

Man glaubt leicht, es stünde nicht zu vermuten,
und staunt deshalb sehr, dass es so etwas gibt,
dass sich nämlich alle 11 Minuten
ein Single echt über Paarship verliebt.

Vollmundig wirkt dieses Werbeversprechen.
Doch wurst, ob's Erfreute, ob's Zweifler verwirrt.
Maßgeblich – hier wird sich die Wirklichkeit rächen –
ist, wie oft Verliebtsein erwidert wird.

rätselhaft zweifelhaft

Bilderrätsel

Egal, ob Gegner nur, ob Feind
im Spiel ist, hier ist was gemeint,
und zwar so etwas wie ein Schuss,
der treffen kann, aber nicht muss.
Trifft erstes zu, war er verspielt
zufällig, keinesfalls gezielt
und rühmt auch nicht den Waffenträger.
Was er entließ, ward ein ....

(Querschläger)

73

Gleichnamig

Ein Vogel, der sich unbeschwert
meist von Gestrüpp im Meer ernährt,
zählt dort, wo Kelb und Algen wuchern,
drum zu den häufigsten Besuchern,
was dazu, wie er heißt, geführt,
gleich dem, was einen Kreis berührt
in einem Punkt nur!, wohl bekannt:
.... wird so was genannt.

Klanggleich

Begrüßte einen Winzling einer,
dann etwa so wie: „Hallo, Kleiner."

Es klingt die Einzahl von Fabriken
fast gleich, wenn sie Fernwärme schicken.

Wer auf die zwei sein Ohrenmerk
gerichtet hat, der löst: ....

Deckname

Mancher Hirte oder Präsident
aus dem vord'ren Orient
steht in fragendem Verdacht,
was er so mit den Ziegen macht.

Wie nennt der Fachmann einen, träf' er
auf einen dominanten Schäfer,
so des Landwirschaftsverbandes Sprecher?
Das rät man nicht so schwer: ....!

(Mähdrescher)

Was ist das? (1)

Die Silbe eins gibt's zu und auf
mit Klinke oder/und mit Knauf.
Die zweite Silbe davon trafen
wir mal als Name, mal im Hafen.
Die dritte mahnt oft, nicht zu säumen.
Die vierte hängt zumeist an Bäumen.

(Tür, Kai, Uhr, Laub)

Die Seifenblase (eine Klarstellung)

Es schwebte eine Seifenblase
Aus einem Fenster auf die Straße.

„Ach nimm mich mit Dir", bat die Spinne
Und sprang von einer Regenrinne.

Und weil die Spinne gar nicht schwer,
Fuhr sie im Luftschiff übers Meer.

Da nahte eine böse Mücke,
Sie stach ins Luftschiff voller Tücke.

Die Spinne mit dem Luftschiff sank
Ins kalte Wasser und ertrank.   (Joachim Ringelnatz)

Jedoch Joachim Ringel-natzte
den Leser, denn das kann nicht stimmen,

auch seine Seifenblase platzte,
und Spinnen können nämlich schwimmen,

zumindest auf dem Wasser laufen
dank Spannung seiner Oberfläche

und daher nicht so leicht ersaufen.
Doch starb sie nicht an Altersschwäche.

In dem des Meeres hoch im Kurs steht
das Salz. – Daran ist sie verdurstet.

Was ist das? (2)

Mit Erstem winkt der Polizist,
mit Zweitem, wer ein Baby ist.
Zusammen es ein Tier ergibt,
das es stets feucht und dunkel liebt.

(Kelle Rassel - Kellerassel)

Verwandt?

Bis zum letzten Mohikaner
aus dem Volk der Delawaren
war'n die meisten Indianer
die mit langen, schwarzen Haaren.
Doch Borsten wie von einem Besen
rasierten sich die Irokesen.

Vergleicht man Obst wie Mirabellen
und Marillen mal mit ihnen,
sind dann, nur unschwer festzustellen,
Pfirsisch genommen Nektarinen
frisch rasiert und auch in Dosen
nicht die vom Stamm der Aprikosen?

Phonetisch sehr ähnlich

Das Kleinkind mit dem Baby-Wanst
begeistert, dass es Löcher stanzt.
Die Überschrift der Szenerie
klingt simultan gerade wie
ein Film, den Fernseh'n unbedingt
an Weihnachtsfeiertagen bringt,
wie Muttern, was sie fein gekocht.
Sein Titel ist: ... .!

(Der Kleine locht.)

Erster Rechtsverdreher

Wer war der erste Rechtsverdreher?
Beinahe jeder kennt ihn näher
und nicht erst, seit der Advokaten
Erste diese Welt betraten.

In rechtem Licht vermag sein Blinken
grad wie in falschem, uns zu linken …

bis heute. Darauf Brief und Siegel.
Es war, es ist und bleibt: Der Spiegel.

Raubrätsel

Wann sind dem Wortlaut nach die Missetaten
der Ladendiebe gleich der der Piraten?

Die Lösung ist, stets in den Fällen, wenn die schweren
Jungs im Geschäft sowie auf See BARKASSEN leeren.

Eine Frage der Eignung

Sind auch des Riegels Kräfte weiß Gott nicht hermetisch,
der Frage Hintergründe eher synästhetisch,
so steht sie dennoch provozierend im Gelände:
Was ist der beste Farbton wohl für Lärmschutzwände?

(Aus jener werden die nur, die wortklauben schlau.
Die beste Lärmschutzfarbe ist ein Taubenblau.)

Musik-Quiz

Welcher finale Ton des Gesanges
erklingt in der Regel am Ende des Ganges
und zwar unerheblich, ob Flur oder Mündung
gemeint ist, ganz gleich, und mit welcher Begründung?

(Es ist im Regelfall, das mag verstören,
da und dort, doch nicht einheitlich zu hören.
Und meint das Ohr, es auch zu hören, in-des
ist es wohl falsch, denn notiert ist ein Ges!)

Was ist das? (3)

Die Vorsilbe Fortunas Horn
steht in diesem Rätsel vorn.
Als zweite Silbe ist zu lesen
ein ziemlich märchenhaftes Wesen.
Als Rätsels mittlere Partikel
dient ein männlicher Artikel,
dann ein Effekt von leerem Saal
auf ein akustisches Signal,
final ein Rückstand, wenn man raucht,
den man beim Asphaltieren braucht.

(Füll Fee der Hall Teer)

Gleichlautendes

Sollte sich eine Erfahrung ergeben
für einige, wenige und mit Gewicht
welche der vieler total widerspricht,
handelt es sich um ein …………

Sind mikroskopisch das Sein und Bestreben
es immerzu in kleinster Einheit zu wahren
und nur aus der Haut zur Vermehrung zu fahren,
spricht dieses auch sehr für ein …………..

(Einzelerleben bzw. Einzellerleben)

Impressionen

Ein Zeichner saß am Ufer
des Rheins und sah ein Gnu vor-
bei geschwommen kommen.

Da schalt ein Zwischenrufer,
„Südafrikas Paarhufer
sind hier nie vorgekommen!"

Der Zeichner ließ das Gnu ver-
schreckt vom Passepartout ver-
decken, leicht beklommen.

Es hieß dann, Skizzen schuf er
nur noch von Fluss und Ufer
und sei nie weit gekommen.

Annähernd

Obwohl's um's Ungefähre geht,
zeigt es die Zeichnung sehr konkret,
wenn Schätzer Treffen anberaumen,
dann geht es immer ....

(Pi-mal-Daumen)

Agrarrätsel

Woran, fragt sich, mag es liegen,
sperrt ein Landwirt sich zu pflügen?

(Er hat Pflugangst)

Unterschied

Die Suppe, sagt man oft und schockt
sie, habt ihr euch selbst eingebrockt,
und weist hernach sie an, sie dürfen
dieselbe darum selber schlürfen.

Stets andere zu schlucken kriegen,
versorgen einen Meckerziegen
mit ihrem Käse. – Auf dem Teller
liegt welche Sorte? – ....!

(Mozzarella)

Naturrätsel

Was ist das, was wir einst in Wald und Flur,
weil Blätter sowie Blüten uns entzückten,
entdeckten erst und dann begeistert pflückten,
vor der Vergänglichkeit in der Natur
bewahren wollten, wenigstens ein Weilchen,
es pergamentgedrängt dann zwischen Bücherseiten
gepresst, damit beständig es die Zeiten
so überdauere? – Ein ....

(Albenveilchen)

Gleich geschrieben

Ein Mensch, der mit den Stärksten ringt
und Spitzenleistungen erbringt,
der wird gen Ende
zur ……..

Die Spitzenleistung vieler Hennen,
ist, wenn sie auch die meisten kennen,
zwar eine kaum bewegende,
ist jede doch 'ne ……..

(Legende)

Was ist die Dame hier und jetzt?

Ein junges Fräulein geht zur Sittenpolizei,
hat ihre Nase unbestritten voll, sie sei
das Opfer durch das gierige Begaffen
eines stets notgeilen, triebgelenkten Affen
und dessen angeborene Fehlneigung seit
Enttarnung wie die unverfrorene Beäugung leid.
Den Zustand nähme sie nicht länger hin.
Sie wäre schließlich nicht Empfängerin
dank dunkler Dienste dann der Freier Gelder.
Sie träte in der Wache auf als ………… .

(Voyeur-Melder)

Produktneuheit

Es ward ein Kugelkopf geboren
allein aus Kuhmilch, die gegoren
ist und sich dadurch versteifte
ganz allmählich. Und es reifte
oberhalb und wies gen Himmel
ein Besenbüschel Edelschimmel.

Der Name vom Naturprodukt
wird hier nicht einfach abgedruckt.
Ein Kreativer, der das läse,
käm' hinter ihn: Ein ....

(Irokäse)

Gattungsrätsel

Es ist ganz ohne Frage hier
so etwas wie ein Nagetier.
Zumindest gibt das familiär
dem Anschein nach sein Name her.

Man findet es in Bodennähe
genauso wie in großer Höhe,
wobei es grade dort verschmitzt
auf seinen langen Flügen sitzt,
doch ebenerdig mit Geschick
desgleichen, im Genick.

Im Sessel, Bett sowie auf Rasen
verhält es sich oft aufgeblasen,
sprich, reichlich wichtig jedenfalls,
als sei es ständig in der Balz.

Falls nicht, das keineswegs erschüttert,
dann ist es vielfach gut gefüttert
und findet ebenso sich toll.
Jedoch, es kriegt den Hals nicht voll.

Und trotzdem muss man von ihm sagen,
geht es oft Menschen an den Kragen,
wobei genannten Angriff eben
die meisten ihrer überleben
und ihn zuletzt als einen tollen
empfinden und nicht missen wollen.

Ganz anders leben die Kollegen,
die sich von Ast zu Ast bewegen
und emsig oft, anstatt zu gammeln,
als Wintervorrat Samen sammeln,
in ihren dicken Backen Körnchen.

Das macht es nicht, das ....!

(Nackenhörnchen)

S/w-SM

Sieh an, die Sado-Maso-Braut,
die Domina mit schwarzer Haut,
zu quälen ist stets ihr alleiniger Sinn!
Aus diesem Grund nennt man sie: ....!

(Peinig(§)erin)

Geflügel-Rätsel

Es sei eine Frage zu „Küken" gestellt:
Warum sind sie wie aus dem Ei gepellt?

(Die Antwort ist einfach und zeitgleich gerissen:
Die Spermien hab'n sich in Schale geschmissen!)

Bilde mal einen Satz mit ...

110
(Ein Satz mit KAFKA und PUTTE)

Ins Einöddorf ruft man verstärkt die Polypen,
es hausten in dem KAFKA PUTTE Typen.

Adeliges Schlüsselerlebnis
(Ein Satz mit SCHIEFER und SCHLOSS VERSAILLES)

"Warum entflohst du nicht, so schnell
es ging, dem Wintersporthotel,
mein Prinz?", frug sie. Er sprach: „Es sind
die Schuh' und Ski versperrt im Spind.
Den Schlüssel, welchen wir bekommen,
den hattest du an dich genommen,
Prinzesschen. Und es wär' dein Glück,
du gäbst ihn mir sofort zurück!"
Sie konterte devot geschummelt:
"Hab' das und mich im Ort verbummelt,
und dachte mir nichts groß dabei.
Dass ich die SCHIEFER SCHLOSS, VERSAILLES!"

Ansage der Sprechstundenhilfe
(Ein Satz mit MAGNETEN)

„Der Therapeut lässt sich vertreten.
Jetzt darf ich Ihr Genick MAGNETEN."

Auf der Suche
(Satz mit ALABASTER)

„Mama, werde ich Buddhist,
Hinduist, Christ, Atheist
oder mal ein Rastamann?" –
„Dein Gott ist ALABASTER, Mann!"

Beliebig
(Ein Satz mit MOTTOPARTY)

Auf Festen tanzt die Nymphoman-
in gerne alle Kerle an.
Ich frag' – denn mich lässt sie im Stich – :
Nach welchem MOTTOPARTY sich?

Beobachtung im Herbst
(Ein Satz mit PISTAZIEN)

Mancher, der sie schwärmen sah,
Zugvögel Richtung Afrika,
fragt, ob des Fluges Grazien
zum Teil sogar PISTAZIEN?

Begleiterscheinung
(Ein Satz mit SAGROTAN)

Schwillt ein Hoden an, sodann
läuft auch oft der SAGROTAN.

Augenblick mal
(Ein Satz mit IRIS und RETINA)

Das kann doch nicht so schwierig sein,
ich riet es dir schon hundert mal:
Sei still, RETINA da nicht rein,
denn IRIS dein Gewäsch egal.

Botaniker
(Ein Satz mit MÄANDERN)

Greift der Gärtner wild zur Klinge
in seinen Arbeitsanfallphasen,
mahnt ihn gleich sein Weib, die Inge:
„MÄANDERN nicht, mäh mir den Rasen!"

Der Drogist ermuntert Angestellte
(Ein Satz mit EYELINER)

Die Kundin im Gang wirkt verwirrt und verlegen.
EYELINER bedienend der Dame entgegen.

Brettstreit
(Ein Satz mit DÜRRENMATT)

Es findet eine Schachpartie
zwischen zwei Irren statt;
sie dick, er dünn.
Doch immerhin
den taktisch schlanken Zug macht sie
und setzt den DÜRRENMATT.

Dann eben nicht
(Ein Satz mit SCHIENENERSATZVERKEHR)

Mangelte es mal beizeiten
an Frauen, den zur Tat bereiten,
so griffen sie selbst zu den Schniedelwutzen
und SCHIENENERSATZVERKEHR zu nutzen.

Ei, du dickes Ei
(Satz mit VETERANEN)

Staunend off'ne Männermünder
alle and'ren Herren mahnen:
Es gibt viel mehr Kuckuckskinder,
als die meisten VETERANEN.

Einst in Qufu
(oder: Als die Weisen der Chinesen zur Schule gingen)
(Sätze mit LAOTSE, KONFUZIUS, SHAOLIN und YEN)

Am Überweg der Schul-Chaussee
stand der Schüler-LAOTSE,
nah ihm, sie zu queren, in der
Absicht eine Horde Kinder.

Einer dieser Pfiffikusse
rief jäh: „SHAOLIN YEN BUSSE!"
Und gleich suchte unbeirrt
man, was erst noch erfunden wird.

Drauf sprach der Schüler-LAOTSE:
„Nur nicht so voreilig! O. k.?
Jetzt ist das noch so gut wie Stuss.
Man wird ja ganz KONFUZIUS."

Empfehlung der Bedienung
eines Fachgeschäfts für Unterwäsche an eine
Röhrenjeansträgerin
(Ein Satz mit SERENGETI)

Vermeide Rüschen am Dessous,
denn SERENGETI Hose zu.

Erfordernis
(Ein Satz mit DILEMMA)

Wenn die Gäste auf Lammkottelets warten,
dann muss der Chefkoch DILEMMA wohl schlachten.

Fitness
(Ein Satz mit LASTENAUFZUG)

Was gehst du denn ins Fitnesscenter
regelmäßig, um zu steppen?
Ich denk', das geht intelligenter:
LASTENAUFZUG und steig Treppen.

Geiz ist ungeil
(Ein Satz mit SPARTANER)

Wer impotent nicht mal Viagra probiert,
der SPARTANER Stelle, die sich nicht rentiert.

Geständnis
(Ein Satz mit TEGERNSEE)

Ich brühe selbst doch kaum Kaffee,
weil lieber ich den TEGERNSEE.

Gleichberechtigung
(Ein Satz mit KAMERUN)

Der kleine Vampir Marco mag
tags nicht in seinen Sarkophag.
Er fordert stetig strammer nun:
„Ich möchte in der KAMERUN!"

Hilfreiche Attribute
(Ein Satz mit BEINAH und MANHATTEN)

Berühmte Menschen, Herrscher, Krieger und dergleichen
von einst uns seltener aus dem Gedächtnis weichen.
Wir könnten öfter uns erinnern – woll'n wir wetten? –
wenn Größen so wie einst BEINAH MANHATTEN.

Jagdglück
(Oan Satz mit PARAGUAY (bajuwarisch zu sprechen))

Der Förschter un sei Deifisweib,
die rückt'n moi an Hirsch zu Leib.
Oan Schuss ganget net vorbei
zum Schluss, jetzt hot dös PARAGUAY.

Abkehr
(Ein Satz mit ASKESE)

„Nie wieder Fleisch mit Mayonaise!",
schwor der Metzger und ASKESE.

Keine Modeerscheinung
(Ein Satz mit SOMMERTREND)

Wenn Blätter ins Verfärben münden,
bald rot von ihrem Sterben künden,
dann ist erkennbar vehement
das, was den Herbst vom SOMMERTREND.

Konsumverzicht
(Ein Satz mit RAY BAN)

Sei lieber standhaft, stark und stetig
und trotze großer Marken Fetisch,
weil hoch sie oft die Preise treiben.
Da wirst du dir die Augen RAY BAN.

Milbenbefall
(Ein Satz mit BIENEN und STOCKHAUSEN)

Der ratlose Imker ist kaum mehr zu halten,
Im BIENEN STOCKHAUSEN nur kranke Gestalten.

Kulinarische Grundsatzfrage
(Ein Satz mit MAX FRISCH)

Wie kommt – was uns im Sein bewegt –
was auf den Mittagstisch?
Der Eine mag es eingelegt,
der Andere MAX FRISCH.

Kulinarischer Kampf in Wien
(oder: A Leibspeisen net leiwand.
Ein Satz mit TRISTAN UND ISOLDE)

Es sprach, als sie ihr Leibgericht, gekocht vom Gatten
danach leicht angebrannt vor ihren Nasen hatten
und sie davon nicht einmal einen Bissen wollte,
ihr Mann: „Geh, schau mi net so TRISTAN UND ISOLDE!"

Orientierungssinn
(Ein Satz mit NIVEAU)

Schickt man irgendwo mich hin,
weiß ich dort NIVEAU ich bin.

Pathologisch
(ein Satz mit ANATOM und SEZIEREN)

SEZIEREN sich nicht vor dem Spiel mit dem Grauen,
die Mächte, die ANATOM Waffen bauen.

Rudel
(Ein Satz mit MANDRILL)

Soll jeder tun, was ein Mann will,
verlangt man Zucht und braucht MANDRILL.

Scheinbar Bio (im Eifeldorf)
(Ein Satz mit REFORMHAUS)

Man nehme an, was wenig zu erwarten
ist, alles Rotwild stünd' in einem Garten,
das säh' gebäuderückseits zwar enorm aus,
doch spräch' das sicher nicht für ein REFORMHAUS.

Schokoladensüchtig (in Aachen)
(Ein Satz mit SEKUNDENBRUCHTEILE)

Ein Mann nah dem Bendplatz und offenbar blind
fragt einen Passanten: „Läuft grade bei Lindt
der Werksverkauf für Schokoladescherben?"
„Ja, ich SEKUNDENBRUCHTEILE erwerben."

Unbedingt
(Ein Satz mit GUCCI)

Als im Wintersport wir waren,
empfahl es sich, GUCCI zu fahren.

Schwebende Verfahren
(Ein Satz mit CANNABIS)

Derzeit freut sich eminent
schmerzgeplagter Patient.

Auf Rezept gibt es nun Gras.
Illegal bleibt Gras zum Spaß.

Fraglich ist, wer's gern im Garten
zög', CANNABIS morgen warten?

Stammtisch
(Ein Satz mit VASALLEN)

In trautem Rund nach ein paar Bieren
da lässt es trefflich sich parlieren.
Mit Pegelhub wird aufgestauter
Ärger frei, die Runde lauter,
der Umgangston ein wenig herber
sowie so manches Scherzchen derber.
Geständig die Gesellen lallen
zu später Stund': „So geht's VASALLEN."

Zwangslage
(Ein Satz mit NOTWENDIG)

Die Selbstverteidigung tut NOT-
WENDIG jemand mit Kampf bedroht.

Vatertag
(Ein Satz mit SATIRISCH)

Vor ihrem Mund, da schwoll der Schaum,
sie traute ihren Augen kaum,
aus ihnen schlugen die Funken raus,
ihr Mann SATIRISCH betrunken aus.

Verflucht?
(Ein Satz mit SAT-ANLAGEN)

Was kam Gräusliches schon länger
bloß aus dem TV-Empfänger?
Ich erwarb ihn neu und käuflich,
was er wiedergab, war teuflisch:

Schnee und rauschende Geräusche,
Kratzen, Zischen, reine Seuche.
Alle stellten mir so Fragen
wie, ob sie an SAT-ANLAGEN?

Verständlich
(Ein Satz mit CHARMEUR)

Als sie ihre Frage mit Gesten verständlich
ihm machte: „Mein Freund, warum hörst du so schwer?"
Sprach er zu ihr, als er verstanden hat, endlich:
„CHARMEUR Gerät, aber die Akkus sind leer."

Von edler Art
(Ein Satz mit GANTER und GARNELE)

Verdreht wird beim Spinnen
vor'm Weben zum Linnen
ein als blinkender Lurexfaden bekannter
Metallstreifen. Jener macht GARNELE GANTER.

Was guckst Du
(Ein Satz mit SENEGAL)

Ich überlass' Dir manns schon volle
Macht über die Distanzkontrolle
und beim Programm gern jene Wahl,
denn meist ist mir fern SENEGAL.

Was wirklich geschah
(Ein Satz mit CAMEMBERT)

So sehr Mama das schlecht getarnte
Rotkäppchen vor dem Wolf auch warnte,
sein Gang war ohne Wiederkehr.
Der Wolf kam nicht. Es CAMEMBERT.

Wiederkehr
(Ein Satz mit BOULEVARD)

Als der Knecht beim Gatterschließen schlief,
der Stier das sah und daraufhin entlief,
kehrte er freiwillig und zum Glück
des Knechtes noch am selben Tag zurück.
Dadurch blieb seine Ahnung null und zwar
davon, wo eigentlich der BOULEVARD.

Zumindest zeitweise
(Ein Satz mit SABBATJAHR)

Der Boxer ist ein Traum von Hund,
familienfreundlich, wunderbar.
Doch steht dem Hündchen Schaum vorm Mund,
heißt es erstaunt, das SABBATJAHR.

Vorlieben
(Ein Satz mit AYURVEDA)

Von Kindheit an vermag geschmacklich zu bewegen
mich Richtung Wonne, was die Hühnervögel legen.
Gekocht, gerührt, gespiegelt freudig mich erregt.
Doch ich mag AYURVEDA faul noch eingelegt.

Vermisstenanzeige

(Ein Satz mit KANADA und OTTAWA)

Von den vielen Kois im Weiher
ist auf einmal KANADA.
Fraglich ist, ob es ein Reiher,
Angler oder OTTAWA.

scherzhaft flegelhaft boshaft

Alte Schule
(Nachdem ein Freund mir schrieb, er müsse das Telefon
im Büro bewachen)

Den Festnetzanschluss zu bewachen,
gehört zu den obskuren Sachen.
Wohin geriete denn auch schon
ein angeleintes Telefon?

Doch schnurbedingt, -gerade, schlimmer-
dings maximal ins Nebenzimmer,
was es dir schellend laut erzählt
und prompt auch, wird es angewählt.

Das heißt, selbst bei Gelegenheit
zur Flucht, für dich, es kommt nicht weit.
Drum kann man nur darüber lachen,
es unentwegt zu überwachen.

Es sei denn, einen int'ressiert
frequent, ob es noch funktioniert.
Dem ist der Tipp anheim zu stellen,
sobald es schellt, lass es nur schellen!

Geh ran, wenn es verstummt, und prüfe,
was wäre, wenn der nächste riefe,
und lausche dem Tutuut, Tutuut.
Es tut es noch? – Dann ist's ja gut!

Albtraum

Gestrandet war ein Killerwal
vor Urzeiten im Zillertal
und dachte sich erschreckt: 'Owei,
ich glaub, die Eiszeit ist vorbei.'

Anders als geplant

Oft geschehen, dass ein Frickler,
Forscher, Pionier, Entwickler
einen Wirkstoff jäh entdeckt
hat, doch ein Begleiteffekt
dem entgegen, was er dachte,
schließlich den Erfolg erst brachte.

Ursprünglich für sie wie ihn
war Viagra Medizin
ganz direkt, das ist kein Scherz,
unterstützend was für's Herz.
Sein Randeffekt begeistert mehr:
Nun regelt es den Greisverkehr.

Aufatmen

Die Strömung reichlich stark bewegt
den, den sie durch die Lüfte trägt.
Ihr Abriss ist kaum von Belang,
wenn sie nur einem Furz entsprang.

Aufmerksam

Wie oft hat man gehört, gelesen,
die Frau ist beim Frisör gewesen,
und vom Mann wird heim, verstärkt
die Behandlung nicht bemerkt?

Doch vom Elend im Gelände
gibt es Ausnahmstatbestände.
Einer verschafft sich hier Gehör:
„Tag Schatz, warst Du beim Frisör?"

Sie erwidert hier verdutzt:
„Wenig hat er mir gestutzt,
nur die Spitzen!" – Er brummt dumpf:
„Ach, deshalb ist Dein Haar so stumpf!"

Auslegungssache

Der Wetterdienst versprach nicht schon in grober
Voraussicht einen goldenen Oktober,
nein, zeitnah, drum wahrscheinlichst. Doch begegnet
ein Wetter uns, bei dem es Welpen regnet.

Kann uns der Klimawandel so verwirren,
dass Wissenschaftler sich dermaßen irren,
Versprechen sich so leicht in Lüge wandeln?
Wohl kaum, es muss sich um Goldwäsche handeln.

Ausweg-Los

Zählt schwerer Schritt zu den bequemen,
empfiehlt, das Leben sich zu nehmen,
so hat das seinen guten Grund,
denn Sorgenstund' hat Colt im Mund.

Beschränkt

Nicht jeder überlegte Satz muss glücken,
trotz Sprachgewandtheit sowie Satzgefrickel.
Nicht alles ist mit Worten auszudrücken,
zum Beispiel Pickel.

Blonder Gehorsam

Was hatte stilistisch zuletzt nicht gestimmt
beim Mädel, das Jahre schon Reitstunden nimmt?

Sie war irritiert, dass man sie kritisiert,
und hatte die Beine danach tätowiert
komplett von den Knöcheln hinauf bis zum Po!
Und alle Welt fragte im Stall sich, wieso?

„Mein Lehrer sprach letzthin, nachdem ich geritten
bin: „Ich muss ab jetzt um mehr Schenkeldruck bitten!"

Das religiöse Getöse

Ruft des nachts der Muezzin,
ist es mit der Ruhe hin.

Läutet früh die Kirchenglocke,
glaubt die Kirche, man frohlocke.

Moslems, Christen, Atheisten
sind hier eins: Die Angepissten.

Die Krippe Heiligabend

Die Krippe war grad' aufgebaut.
Schon sprach, nachdem sie drauf geschaut,
die Tochter zum Papa geschwind:
"Es fehlt noch wer, das Jesuskind."

Papa erklärte: „Sperr die Ohren
auf! Es ist noch nicht geboren.
Maria - alle Jahre wieder -
kommt in der heil'gen Nacht erst nieder,

verstehst Du?" Doch die Tochter stutzte
und wähnte, was Papa verdutzte,
daran bei nahem Blick Betrug:
„Maria ist nicht dick genug!"

Ei, wie blöd

Ein Satz gefärbter Party-Eier
aus der Fabrik, der macht die Feier
leicht fraglich bis hin zu verschrien
wegen der Legebatterien.

Man nehme Eier von der Sorte
Bio und wird hartgekochte
selbst aus ihnen machen müssen.
Blütenweiß bleibt das Gewissen.

Die Eier aber sind, man staune,
leider überwiegend braune,
weshalb sie, das ist kaum zu leugnen,
sich deshalb kaum zum Färben eignen.

Doch das soll keine Feier trüben.
Man nehme schlicht, wie folgt beschrieben,
ein Ei und schreibt mit dem Kajal
darauf die Farbe seiner Wahl.

Entwicklung

Es prüft ein werdender Poet,
wie ihm sein neuer Bart so steht,
zollt leicht verwundert sich Respekt
von dem, was alles in ihm steckt,
und seinem Spiegelbild verspricht er,
es schiene ihm, er würde DICHTER.

Einwanderer
(Ein Freund erkrankte nach Kontakt mit Flüchtlingen, 40 Grad Fieber)

Was bringen mir Afghanen?
Das kann ich nur erahnen.

Werd' ich vom Keim der Syrer
am Ende ein Märtyrer?

Was, wenn man nicht immun is'
gegen Import aus Tunis?

Dagegen hilft kein Vitamin
B, wohl moderne Medizin.

Erstaunlich

Ich mag nicht für Lackierer werben
oder Maler. Doch er schafft
und macht aus eig'ner Kraft,
Objekte zu Verben.

Evolutionär?

Nicht erst seit dem die Meisten ihren
Intimbereich gern kahl rasieren,
hab' ich mich, wie es kam, gefragt,
dass des Menschen Scham behaart?

Geht man dem etwas gemach
sowie seiner Nase nach
und das selbst auf die Gefahr hin,
dieses widerspräche Darwin,

der Entwicklung und Erfahrung,
wird sich doch als Offenbarung
Frage Nummer zwei entpuppen:
Wie käm' Fisch sonst an die Schuppen?

Fehler im System?

Es trafen sich zuletzt final
beim Fußball in der Champions League
die Dame Juve und Real
und kämpften um den großen Sieg.
Man wird ma' Erster und ma' Zweiter,
das typische Finalgebaren.
Drum wundert, dass die Spitzenreiter
wie letztes Jahr Madrider waren.

Fehlschlag

Wenn Donar großer Zorn ereilt,
sein Ziel präzise angepeilt
hat, und es doch sein Blitz verfehlt,
ist, was als Herrgottsschnitzer zählt.

Fernöstlich Köstliches

Kürzlich war ich beim Chinesen
essen, reichlich und erlesen.
Als man Pflaumenwein servierte
und die Rechnung präsentierte,
gab es dazu eingeschweißt,
was man einen Glückskeks heißt.
Dieses kleine Hohlgebäck
als der Weisheiten Versteck
vermochte mit folgendem Spruch zu bestechen:
Bitte nicht öffnen! – Glück kann zerbrechen.

Festivalfinale
(anlässlich des Aachener Gitarrenfestivals speGTRa 2018,
Chordophon X)

Der letzten Darbietung des Sets zu harren,
die recht fulminant zu sein verspricht,
erfüllt ob eines Heers akustischer Gitarren
das Auditorium mit großer Zupfersicht.

Fertigkeiten

Was er tut, macht er mit List,
wenn auch nicht grad' als Pianist
und dennoch meistens recht begnadet,
indem er andern Menschen schadet.

Die merken, wenn auch nicht sediert,
nicht, wenn der Eingriff grad' passiert.
Geschick beweisen so am Ende
nicht immer nur Chirurgenhände.

Sind diese, sagt man, von Natur
aus auch von schlankester Statur,
so existiert , wie man gleich sieht,
zum Langfinger ein Unterschied.

Frage der Metamorphose

Schnitt dank Sedativampullen
mit chirurgischem Besteck
man den stattlich jungen Bullen
heimlich beide Hoden weg,
nennt speziell bei Stieren
man das oxidieren?

Flaschenhälse

(In der Evolutionslehre bezeichnet man eigenständige
Entwicklungen isolierter Biotope wie z. B. die Galapagosinseln
als Flaschenhals.)

Als wir auf einer der Kanaren,
genauer La Gomera waren,
bestach nicht Luft noch Ambiente
nur mit saliner Komponente.

Vielmehr ein sonderbares Schwelen
zog in die Nasennebenhöhlen,
verriet den Häuten, welche schleimig:
Komische Vögel sind hier heimisch.

So war allmählich zu begreifen,
die Art verständigt sich mit Pfeifen.
Und das erschien uns ziemlich schrill,
denn rein akustisch blieb es still.

Niemand den gelben Zeisig fand,
wohl oft Odeur wie Reisigbrand.
Der zog durch viele Fensterläden
und wies auf Kifferorthopäden.

Mit Inhalat, das sie verbrannten,
sie selbst sich rudelweis' entspannten.
Doch größtes dieser Phänomene:
Der Oberkiffer Drogenzähne.

Frage zum Fest

Was versteht man unter Weihnachtsmast?
Nicht eine Tanne ohne Nadel, Zweig und Ast.
Stopfen mit feister Nahrung, mehr als leidlich.
Eine eigene Erfahrung, hier gans-heitlich.

Frisch angemacht

„Hey, Vorsicht!", sprach das kleine Luder,
„Das ist mein großer Zwillingsbruder,
und ich bin seine Zwillingsschwester!"
Er grinste nur – sein Griff wurd' fester –
und höhnte: „Sicher, ist doch klar,
wahrscheinlich eineiig sogar."
„Genau!", bekräftigte die Kleine:
„Eins hat mein Bruder, ich hab keine!"

Fragen (eine Sammlung)

Warum ist ein Foto eckig,
obschon jede Linse rund ist?
Warum heißt ein Lachen dreckig,
auch wenn's aus gepflegtem Mund ist?

Weshalb sieht den Hütehund
niemand sich den Kopf bekleiden?
Warum schweigt des Richters Mund
dann, wenn sich die Geister scheiden?

Warum kriegt die Henkersmahlzeit
ausnahmslos der Delinquent,
sind die „Leicht"-Produkte gar seit
Jahren schon so *schwer* im Trend?

Wann bestünd' die Möglichkeit
für Masos, Schmerzen zu erdulden?
Warum blieb die Kreidezeit
ohne Kreatur mit Schulden?

Wer glaubt, dass dir Heldenposen,
streicht man „-posen", Helden bieten?
Wer denkt, von den Arbeitslosen
sind die allermeisten Nieten?

Warum ist die Backanleitung
ein Rezept zwar, doch nicht „-pflichtig"
und bei doppelter Bedeutung
eine nur im Kontext richtig?

Warum wirkt die Allzweckwaffe
nie gegen sich selbst gerichtet?
Warum ist der Mensch kein Affe
und ein Ober nie beschichtet?

Warum ist das Mobilfunkloch
in vielen Fällen stationär
und vor dem Tertiär nicht noch
ein Primär und ein Sekundär?

Warum helfen Lesebrillen
den Analphabeten nicht
und verursacht nicht der Pillen-
knick, dass die Tablette bricht?

Warum werden in Seifenkisten
seltenst Seifen transportiert?
Warum sind Streifenpolizisten
immer uni koloriert?

Warum hat, wer schon hochpotent ist,
nicht gleich Überzeugungskraft?
Warum ist nicht, was ein Prozent ist,
pro Euro eine Hundertschaft?

Wer meint, die Faröerinseln wären
in festen Händen der Pastoren,
und Atzenvögel sich vermehren
im Sinkflug nur auf den Azoren?

Warum treffen Wanderdünen
keinesfalls auf Wandernieren?
Warum nicht auf Hebebühnen
mal Gehobenes vorführen?

Warum werden Sterbefälle
in der Regel nicht gegerbt
und Erblasser auf der Stelle,
wenn verblichen, nicht gefärbt?

Warum hat sich im Bordell nicht
Selbstbedienung durchgesetzt
und von finst'rem Typ Behelligt-
werden so in Angst versetzt?

Warum kauft man Fensterscheiben
nicht in off'nen Fensterläden
und sind, die ins Logbuch schreiben,
Käpt'n und nicht Logopäden?

Wie denn führen Eselsbrücken
Esel, die einst Hirn besessen,
über die Gedächtnislücken?
Weiß ich nicht – hab ich vergessen.

Warum ist der, den man ersucht
um was, nicht bei Erfolg Erfinder,
ein nackter Millionär betucht,
Deckweiß kein Auftrag, sondern Binder?

Warum entwirft der Buttler denn kein
Bad, auch keiner netten Braut?
Was will uns Sprache sagen, wenn ein
Bettler keine Betten baut?

Was soll man von den Gestalten
halten, gilt es, Stoff zu glätten,
die mit Absicht Bügelfalten
in das frische Beinkleid plätten?

Es fragt sich ernsthaft, wieso misst denn
Röntgenstrahlen, die nicht intensiv sind,
der Geigerzähler statt Violinisten
nicht mal die, die im Radio aktiv sind?

Wie kann der Trappistenreigen,
ohne dass sich Folgen rächen,
sein Gelübde, stur zu schweigen,
denn ureigentlich versprechen?

Warum ist das Gegenteil
eines Prost nicht ein Kontrast.
Was nützt dir dein Seelenheil,
kommt es erst, bist du verblasst?

Warum fühlen in der Fremde
Weltenbummler sich zuhause?
Warum macht die stets behende
Zeit nicht einmal eine Pause?

Warum nennt man den, der seine
Hose trägt, nicht Hosenträger
und den, welcher eine kleine
Wohnung sucht, nicht Kammerjäger?

Warum sind eigentlich gewiß nich'
Wallache aus der Walachei
und Weiber, welche stutenbissig
werden, Kundinnen 'ner Bäckerei?

Warum sucht die *Einsam*keit
selten nur *ein Sam*ariter?
Warum heißt bei Empfindsamkeit
der Nase diese nicht Gewitter?

Warum dient am Reck nicht eine
Übung dazu, zu verrecken?
Weshalb nur kann bis heute keine
Behauptung einen Kopf bedecken?

Bleibt bei vielen dieser Fragen
man von Antworten verschont,
sollten wir zu suchen wagen,
weil sich nachzudenken lohnt.

Der Kreuzreim

Kreuzreim:
Holz verstrebt,
Knochenleim,
Jesus klebt.

Für Vampirjäger (Tipps und Tricks)

Sind unter den Vampiren
ein schwuler oder eine Transe,
fragt sich, wie sollte man se
final eliminieren?

Weihwasser sowie Tageslicht
verdampfen und verstrahlen schlicht.
Auch Herzstich und ein Kruzifix
sind wirkungslos und nutzen nix,
genauso wie die Knoblauchkette.
Was wirkt, ist: Dammpflock in Rosette.

Gelogene Wahrheit

Schlingt wer die Nahrung in den Schlund,
hat der oft keinen Zahn im Mund.
Genannt aus großer Artenzahl
sind Vogel hier und Bartenwal.
Es sei denn, satt wird man nur schwierig
selbst mit Gebiss und deshalb gierig.
Wahr ist, wer Futter frisst, verdaut's,
und der, der Zähne hat, der Kauz.

Geflügelspiel

Es schimpft mit seinem Hahn die Henne
„Es scheint so wunderwarm die Sonne.
Tousjours l'amour hoch in der Tenne
ist öde, einfach für die Tonne."

Sie gackert und macht einen Krach:
„Hör zu! Ich mache keine Witze.
Wie wär's mal auf dem Scheunendach?
Wer ziert denn sonst die Kirchturmspitze?"

„Gleich, was aus Blech mein Vetter kann,
wie heiß es auf der Schindel sei,
ich bin nun mal kein Wetterhahn
und daher auch nicht schwindelfrei.

Ist mir egal, wie geil du wirst
auf dem maroden, blöden Dach.
Nie leg ich dich auf steilem First
denn höchstens auf Spitzböden flach.

Drum halt den Schnabel, doofe Tucke,
füg' dich und gehe in die Hocke!"
befahl der Hahn. 'Ich glaub, die Glucke
hat mächtig einen an der Glocke.'

Gichtgedicht

Man kann aus meiner Sicht vergessen,
es wäre wer auf Gicht versessen.
Denn wer ob frischem Schub gebellt,
weiß, es hat Belzebub geschellt
und steht auf Zeh und Klingelschild
bis Pharmazie den Schlingel killt.

Grad der Depression

Es scheint ein wenig wundersam,
Schwermut misst man in Kilo-Gram.

Ideenlos

Fehlt dem Dichter mal der Einfall,
sitzt er an der Tastatur
dumm rum, und es wird ein Reinfall,
was er tippt seiner Natur
nach und dieses dann versendet.
Möglich, dass er nicht gerügt
wird, wenn nur der Sinn verendet,
und dem Reimfall er gerecht wird.

Hauptrollen

Vielen schmeichelt ungemein,
ein Protagonist zu sein
und so mitten im Geschehen
auf der Bühne mal zu stehen.

Hauptdarsteller, gut und schön,
in welchem Stück nur und für wen?
Dem gilt es sich in allen Fällen
weit vor der Vorstellung zu stellen.

Die nicht im Brennpunkt leben wollen,
begnügen sich mit Nebenrollen.
Nicht immer lohnt sich ganzer Eifer
hauptsächlich, siehe Hans der Täufer.

Im Kreißsaal
(Als mir ein Freund den Import von 10 Litern Olivenöl aus
regionaler Herstellung im Urlaubsort ankündigte.)

Es meint der Arzt nach der Entbindung
zur Mutter wie zur Namensfindung:
„Respekt, mein lieber Scholli, der
sieht aus, als heißt er Oliver."
Darauf die Mutter wenig fröhlich
zum Doktor: „Ist er denn so ölig?"
Der entgegnet kaum gestresst:
„Das weniger, wohl frisch gepresst!"

Insuffizient

Weil im TV Baumärkte warben
- sie unterboten sich mit Farben -,
suchten Kunden sie zuhauf
und zum Erwerb derselben auf.

Ein Mann, der auf den Lehrling stieß,
benahm sich anders, beinah' mies.
Denn er verlangte von dem Buben
Farben ausnahmslos in Tuben.

Es half dem Lehrbub nicht, zu prahlen
mit all den Büchsen in Regalen,
dem Sortiment von Schwarz bis Weiß,
der Qualität sowie dem Preis.

„Mit Tuben kann ich", sprach der Knabe,
„nicht dienen." – Und der Mann: „Ich habe
nun einmal, es tut mir unsäglich leid,
'ne Lackdoseunverträglichkeit."

In der Hautsache

Denen, die mich angesichtig kennen,
brauche ich gesondert nicht zu nennen,
und es lohnt auch nicht, wenn ich verschweige
ausdrücklich, dass ich zu Furunkeln neige.

Rückt der Rötung flächlich Mann und Weib
mit dem Abdeckstift probat zu Leib,
stoß' ich an die Grenzen des Verfahrens
dank entzündlichen 3-D-Gebarens

jener Teile, die mein Haupt verzieren.
Auszubeulen, spachteln und lackieren
wäre, wenn die Haut – sobald entzündlich –
nicht so empfindlich wär', tiefgreifend gründlich.

Wenn ein Pickel mein Gesicht verschandelt,
bleibt er demnach erst mal unbehandelt.
Einst war einer blühend zu beschauen
leicht erhöht wie zwischen meinen Brauen.

Hier macht es vielleicht, noch zu ergänzen, Sinn,
mich trennt viel von einer Tempeltänzerin.
Daher scherzte wer: „Da hat der Mann die
Akuterscheinung von Mahatma Ghandi!"

Ich bestätigte ins schallende Gelächter
dem Witzbold, dass wahrscheinlich er im Recht wär':
„Mein Körper hat da etwas missverstanden, find' ich,
als letzthin jemand zu mir meinte: Geh mal in dich!"

Kalkarie

Soll'n Knechte, die sonst Kühe melken,
mal deren Stall mit Mühe kälken
sowie ihr Ziel geschwind erreichen,
müssen erst die Rinder weichen.

Dem Schrubben folgt das reine Schwitzen
und Stinken wie die Schweine, Ritzen
vom Dreck bis in die herben Falten
befrei'n, soll, was sie färben, halten.

So wundert nicht, dass diese Fürsten
der Arbeit baldigst fiese dürsten.
Die Lage ist so einzuschätzen,
der Umstand hat den Schein zu ätzen.

Kalk steht im Ruf, dem laut verhetzten,
Kontakt macht dich zum Hautverletzten;
– seist du auch durch viel Sport vital –
so hieß er doch sofort: Spital!

Ergo, ist indessen wurst,
wie mörderisch sei wessen Durst.
Gebot ad eins ist keins: der Alk,
gelöscht sei erst einmal der Kalk!

Im Rampenlicht

Die Überraschung selten groß is',
vernimmt man einer Überschrift,
dass es 'nen Prominenten trifft:
„Er starb an einer Überdosis".

Doch damit ist es nicht genug,
denn letzt kam mir zu Ohren:
„Rockstar erfroren,
kalter Entzug."

Kau-Kasus

Ein Cowboy, der hat kaum Geschmack
und ist ein rauer Junge.
Er beißt in seinen Kautabak
und der ihm auf der Zunge.

Kauleiste und des Hirten Hand,
die zieh'n an einem Strang.
Zumindest bis zum Biss bestand
da ein Kausa(a)lzusammenhang.

Kein Vergleich

Beispielsweise unterschieden
wird stets zwischen Pyramiden
und – egal, ob Sie's schon ahnen
oder auch nicht – Pyromanen.

Letzte setzen wüst in Brand,
erste steh'n im Wüstensand
und selbst für den ungeübten
Geographen in Ägypten

nachts wie tagsüber apath-
isch herum. Doch den Spagat
treiben beide auf die Spitze:
Eiseskälte, große Hitze.

Bei Pyramiden, ohne Frage,
liegt es schlicht an ihrer Lage.
Bei Pyromanen mehr geschwind,
wozu sie in derselben sind.

Kirchenvorstand

Ein Domvikar aus Xanten
hebt gerne sein Gewand, denn
ihm steht da was vor,
noch weit vor'm Pastor,
doch am liebsten vor Ministranten.

Klassische Präferenzen

Der Eine schwärmt nur so für Bach,
der And're wird bei Mozart schwach.

Und Verdi Frau kennt, weiß, toujours
ist sie erfreut auf Chopin-Tour
für Schumann seufzt und findet: „Shit,
bald weiß sie nicht, wo Hindemith.
Ein Haydn Geld raubt ihr Verzehr.
Ich glaub', ich Händel das nicht mehr.",
warum es oft trotz großer Liszt
zu Grieg und Bruch gekommen ist,
Bizet zuletzt für den bei Lindt
in Scharen anzutreffen sind.
Ist, kriegt die Seele nicht genug,
das leiblich Offenbach nicht Gluck!
Das Wagner Frau im Unbehagen
zu keinerlei Saint-Saens zu sagen.

Nochmal, schwärmt iner mehr für Bach,
und and'rer wird bei Mozart schwach,
mag gern man Mozartkugeln schlecken,
statt Bachblüten in Vasen stecken.

An Schüssel-Benutzer
der Gattung „Verschmutzer"

Es ist zwar verständlich, im eigenen Leben
sich ungern mit Kratzbürsten abzugeben,
doch reicht es, sich in ihm fernab von Genüssen
mit eigenem Rückstand befassen zu müssen.

Auf stillem Ort liefern Ausscheidungsverfahren
kaum Grund, deren Spuren dort aufzubewahren.
Aus ihnen ist nämlich nichts weiter zu lesen
als, ihr Lieferant ist ein Arschloch gewesen.

Kulinarischer Konkurs

Hier wächst der Text des Niederganges
eines feinen Restaurantes,
das sehr eigenständig, find' ich
war, weil niederländisch-indisch.

Leider mussten sie verlieren
beim Versuch, Reis zu frittieren,
weil er an des Garens Ziel
trotzdem durch die Maschen fiel,

und die Kundschaft, die gern aß,
nur vor leeren Tellern saß.
Sie sprach: „Für so 'nen Quatsch da, zahl
ich nix, auch nicht im Dutch Mahal!"

Kriegs-Buch-Führung

Es sind bei einem kämpferischen Streite
Soll-Daten besser auf der Haben-Seite.

Kurioses aus der Natur

Ein Feldküchenkoch konstatiert:
Die Herdkröte laicht irritiert.
Sie legt ihren Laich
in ein Blech Hefeteig.
Ob das zu mehr Wachstum führt?

Laichzeit

Wenn im Lenz des Bauern Trecker
mit dem Hänger über Äcker
stoisch seine Bahnen spurtet,
reichlich Gülle sowie Pollen
streut, denkt manche dieser Schollen,
mich düngt, ich werde grad befruchtet.

Lieder aus der Küche

Entsprangen dem Dunst oder brachten Gerüche
Bediensteter Lieder hervor aus der Küche,
so heißt das noch nicht, die an Sprüchen feilen
kulinarischer Art, schaffen Küchenzeilen.

Lokale Schicksale
(rund um Aachen)

Es flog in Orsbach
ein Rabe vor's Dach.
Ob er nun am Ried
oder Absturz verschied,
ist wenig von Wert
und eh nicht geklärt.
Zehn Schaben haben
den Raben begraben.

Es grollte in Richter-   (Trennung des Reimes wegen)
ich sein größter Dichter
schon ziemlich treffend:
„Werd' ich nun in Seffent
oder auf Brand
völlig verkannt
oder der Hörn,
wen soll das groß stör'n?
Wenn, sicherlich
niemand als mich!"
Man sprach vom sau'ren Zwerg
nicht nur in Laurensberg.

Limerick
(eines alten Zuhälters)

Es tönte ein Kniepsack aus Knappsack:
„Mir löhnt man die Prämien von Abwrack.
Ich biet' meine Ollen,
auch wenn die nicht wollen,
zum Kauf an, bis selbst ich einst abkack'."

Mär vom Tal der Vokal-Bären

„Ich bin der Boss, macht kein'n Zinnober!"
verkündet seinem Clan der O-Bär.

Der A-Bär mit Bedenkensmienen
fragt: „Ist dein Job nicht, zu bedienen?"

Darob mischt sich der E-Bär ein
und schimpft ihn außer sich: „Du Schwein!"

Gelassen grinst sie an der Ü-Bär
und souverän: „Da steh' ich drüber!"

Meeresgeräusche
Eine Ergänzung zu „Artverwandt" von Heinz Erhardt

(Artverwandt

Klingling, so klingt's im Großen Belt.
Das ist der Schellfisch, der da schellt.
Er klingelt, nur gemütlicher,
wie die Gebirgskuh südlicher. ---

Das war bis heute unbekannt,
dass Kuh und Schellfisch artverwandt.)

Worte zum Geläut

Wenn's im Großen Belt mal läutet,
denkt fast jeder, das bedeutet,
- zumindest, wer den Erhardt, Heinz
und seine Verse kennt, der meint's
zu wissen, und ist schnell sich klar, -
dass das vorhin ein Schellfisch war.

Doch wenn ein schönes Nixenkind
drauf, feminin zu tricksen, sinnt,
den Froschmann lau und zart zu rühren,
sie forsch zum Traualtar zu führen,
und kann ihn dazu auch verlocken,
dann läuten dort die Taucherglocken.

Neue Grußformel

Die meisten Bajuwaren fristen
ihr Sein dem Anschein nach als Christen.
Begegnen sie sich, heißt es flott
zu jeder Tageszeit: „Griaß Gott!"

Hier mag ich mich um Ausgleich sorgen
und wünsch': „Muslimisch guten Morgen!"
Denn dieser Gruß verzichtet schon
einmal auf den Kommandoton.

Im Gegenteil, das ist ein Glück,
hier grüßt der Schöpfer mal zurück.
Der Gruß – und der hat seinen Reiz –
bedeutet: „Morgen allahseits!"

Ode an Berlin

Balin, wat biste scheen,
det kann ein jeda seh'n,
det Jrößte uf d'r Welt,
det sei ma fessjestellt,
vabrieft, un darum jilt et,
un jar nich eenjebildet,
 – det muss ik hier ma klären –
… wenn bloß nich de Baliner wären.

Papagei gesteigert

Wider einen alten Schlager
fraß mein bunter Papagei,
als er jung war und noch mager,
täglich gern ein hartes Ei.

Frische waren erst die größten,
bis ein faules dieser Eier
er erwischte. Die Verwesten
machten ihn zum Papageier.

Als er umfiel auf der Stelle
plötzlich, leichenblass und feist,
Opfer einer Salmonelle,
wurd' aus ihm ein Papageist.

Paradoxe Parodontose

Wenn es der Zahnradbahn passiert,
dass sie bergab 'nen Zahn verliert,

dann legt die Bahn zu-
gleich einen Zahn zu.

(P)Fundsache

Man sah und manche rochen es,
im Rinnstein lag Erbrochenes.
Wer aber hatte, was vergoren
beim Gehsteig lag, vielleicht verloren,
vergessen oder hinterlassen?
Lässt's sich am Derivat erfassen?

Verraten Farbe und Gestank,
sein Spender war mal magenkrank,
berauscht, in diesem Fall sowohl
von Viren voll und Alkohol,
ja oder schuf unsäglich Leid
sonstige Unverträglichkeit?

Fazit, es war ein trüber Fall
von heimtückischem Überfall,
der Rollen, die sonst stimmen, fest-
gelegt sind, ganz verschwimmen lässt.
Reich Blümeranten besser nicht den Kübel später
als bei Bedarf, sonst werden Opfer Übeltäter.

Rasen (ein Limerick)

Es rast mit dem Sitzrasenmäher
ein Gärtner quer durch Eritrea.
Die Ödnis ist groß,
selten Gras, nicht mal Moos.
This might be a Nogoärea.

Prognose

Nach einem kurzen Skizzentest
stellte der Mediziner fest:
„Pardon, Ihr Krankheitsbild: Demenz."
Die Frage des Patienten: „Wenn's
denn stimmt, Herr Doktor, wird's so sein.
Behalt' ich es?" – „Ja!, – eher, nein!"

Regelfall

Erntereife Kokospalmen
sind beheimatet auf Almen
nah der Baumgrenze so selten,
dass die, die frische Milch bestellten
dort aus frisch gepflückten Früchten
in der Hütte, keine krüchten.

Seltenes Säugetier

Der Bäuerin macht an der Leine
der Hofhund beim Spazieren Beine.
Sie denkt, wenn das mein Macker sieht,
wie der mich über'n Acker zieht,
hält erster sich für klug und schließt
daraus, dass das ein Pflughund ist.

Sehvermögen

So klingt ein Irrtum wider Willen:
Um Schaf zu seh'n, braucht man Fibrillen.

Schneemann auf dem Acker

Schnee gekugelt und verdichtet,
danach sorgsam aufgeschichtet,
so wird allen wohlvertraut
jeder Schneemann aufgebaut.

Rechts und links ein Bündel Ähren,
als wenn diese Arme wären,
und als Nase auf die Flotte
in den Kopf eine Karotte.

Eine für den Mund halbieren,
Wirsingblätter simulieren
seine Ohren, und es nütze
ein Blatt Kohl als Baskenmütze.

So erscheint uns der famose
Schneemann fast wie ein Franzose.
Oder – sieh die Rohkost an! –
ist es mehr der Bofrost-Mann?

Sommermacht

(frei nach Eichendorffs Winternacht. Das kursiv Gedruckte war
die Vorgabe im Deutschbuch meiner Nichte, verbunden mit
der Aufgabe, Eichendorffs Original in Richtung Sommer
umzutexten.)

Sonnengelb strahlt rings die Welt.
Ich hab soviel, was dir gehört
in der Couleur, die mir gefällt,
gestrichen und für dich zerstört.

Der Wind pfeift durch den Fensterschacht
und lässt mich leicht frohlocken.
Er schmeichelt um die Farbenpracht
und macht sie schneller trocken.

An Aachens Alemannia
denk ich in deinen Räumen
ab jetzt. - Dich aber sah ich da
von Lackentferner träumen.

Überraschung

„Wie legt man", frug der Schornsteinfeger
beim Scrabble einen Fliesenleger,
„nach Vorschrift Fliesen?" – Der sprach: „Wenn,
dann: F – L – I – E – S – E – N !"

Vermeintlich exotisch (2)
(oder fernöstlich, kalt-lächelnd)

Wieder einmal beim Chinesen
sind wir einst zu zweit gewesen.
Geisha geistesgegenwärtig
registriert, mein Weib ist fertig,
grade heb' ich meine Gabel
letzten Bissens just gen Schnabel,
habe ihn noch nicht im Mund,
wendet sie sich mir zu und
fragt mich höflich: „Hat'-desmeck'?" -
Teller weg!

Wegeunfall

Einst brach ein Stiletto
'ner Nutte im Netto.
Sie probte den Aufstand
draufhin auf dem Laufband,
passierte den Scanner
und Strichcodeerkenner,
worauf der verfluchte
nur zwei Euro buchte.
Der Hinweis für Hirne:
'Ne Silbergelddirne.

Ziemlich ähnlicher Einsatz
(kaum merkliche Lautverschiebung)

Wenn dich die Erkältungsviren
deutlich spürbar penetrieren
wirst du wieder fit so grad
mit der Droge Grippostad.

Wirft man amtlich Drohgebärden
dir vor, die den Staat gefährden
würden, ist der Schritt probat,
welcher führt zum Kripo-Staat.

Zurecht gerückt

Hat des Glückes was Geglücktes
und Geschick etwas Geschicktes,
verrückt eins nicht nur Verrücktes
und gefällt nicht nur Gef... ...ügtes.

Zurecht, zurecht

Die Ziege leckte an den Fliesen,
da wurde sie zurecht*gewiesen*,
und zwar vom Bauern: „Sieh den Rasen!",
befahl er ihr zurecht: *„Geh grasen!"*

ernsthaft glaubhaft gewissenhaft wahrhaft

Political

Wer glaubt, das sprachliche Geschlecht
das sexuelle unterdrücke,
der hat, so denke ich, se echt
nicht alle unter der Perücke.

Verbohrter Schrei nach „genderlike"
in ständigem Empören;
ich kann der zähen Blender Teig-
geknete langsam nicht mehr hören.

Der Nonsens macht mich aggressiv,
an dem ich mich hier reibe,
obwohl ich selten depressiv
bin, selbst gern Nonsens schreibe.

Ich möchte sie hier nicht verhöhnen,
die Waage zwischen den Geschlechtern.
Wer streitet, soll sich auch versöhnen,
beziehungsweise auch vertöchtern.

In Lohn und Brot

Die Arbeit ist an sich nichts wert,
wenn sie nicht den, der schafft, ernährt,
nicht Gattin, Gatte, Tochter, Sohn.
Man spricht dann zwar von Hungerlohn,
doch wo solch' Wortgebilde blüh'n, mich
überzeugt, dort wird es zynisch.

Wer „Hunger lohnt" sagt, der spricht böse,
es sei denn, er meint Adipöse.
Wer schuftet und herum nicht lungert
und dennoch wie ein solcher hungert,
dem rät man doch, dass er sich schont,
weil sich sein Krafteinsatz nicht lohnt.

Was sind die, die für Arbeit geben
zu wenig, um davon zu leben,
so grade mal zu viel zum Sterben?
Was ist zu halten von Gewerben,
die Unternehmern Prunk einbringen,
wenn Arbeiter um's Dasein ringen?

Was ist uns eigentlich genehmer,
Arbeitgeber, Unternehmer?
Es macht verhasst, es macht beliebt,
was einer nimmt, was einer gibt,
Ein Mangel reicht da schon und droht.
Gut steht man nur in Lohn *und* Brot.

Fatal
(oder neue Armut)

Ziemlich bitter ist, wenn man
nicht mit Geld umgehen kann.
Zynisch wird der Satz und platt,
liegt's daran, dass man es nicht hat.

Ansichtssachen

Es haben meistenteiles Sonderlinge
eine völlig and're Sicht der Dinge.
Ihre Wahrnehmung ist dann wohl allen
And'ren gegenüber ausgefallen.

Kommunikation

Recht selten ist, dass Zwei verkünden,
dass sie sich sogar blind verstünden.
Obgleich, wenn man das wörtlich nimmt,
das öfter als verkündet stimmt.
Wie oft folgt man der Kehle Ton
seit langem schon am Telefon?

Zicken
(Ihr natürliches Geschlecht ist hier unerheblich.)

Es deckt sich mit meinen Erfahrungen,
dass oft allein mögliche Paarungen
den Ausschlag im Team dafür geben,
in Krieg oder Frieden zu leben.

Vermeintliche Rückkopplung

Es unterliegen Ausdrucksweisen,
– und nicht nur in bestimmten Kreisen –
wohl aber denen, die recht jung
sind, ständiger Veränderung.

Wobei sich nicht nur bei den Alten
erstaunlich lange Floskeln halten.
So helfen Worte – die mit Flügeln –
Gesprächshohlräume zu versiegeln.

Zum Beispiel – nicht nur dieser Tage –
beschließt Beschriebenes die Frage
und dringt in den, der zuhört, ein:
„Hey Alter, weißt Du, was ich mein'?"

Wird, wer Bestätigung erheischt
mit dieser Frage, sie erreicht?
Die Antwort – wär' sie noch so knapp –
die wartet, wer so fragt, nicht ab.

Ihr Ausbleiben wird ignoriert
und munter weiter schwadroniert.
Mal angenommen, an das Ohr
dringt doch mal eine Antwort vor,

auf dieses „Weißt Du, was ich mein'?"
in erstem Fall die Antwort: „Nein!".
Der Sprecher würde darauf sinnen,
noch mal von vorne zu beginnen,

bemüht dabei dieselben Bilder,
wird lauter und in Gesten wilder,
dies kaum bewusst zu dem Bekenntnis:
Signalverstärkung weckt Verständnis.

Wie stünde der Erzähler da,
folgt auf „Verstehst Du mich?" ein „Ja!"?
Er spönne drauf beruhigt, heiter
seinen Erzählungsfaden weiter.

Wobei, wenn man's genauer nimmt,
ein solches „Ja!" nicht zwingend stimmt.
Ein Missverständnis kann genügen,
der Hörer muss noch nicht mal lügen!

Tatsache ist, die beiden eint,
dass man, sich zu verstehen, meint.
Meint's der Erzähler nur, genügt
als Hinweis, dass der Hörer lügt.

Ein Grund dafür, dass Antworten versagen,
ist, jemand stellte erst die falschen Fragen.
Um näher dem, was hier ersehnt, zu landen,
frag den, der zuhört: „Was hast Du verstanden?"!

Uhrenvergleich

Im Gegensatz zu Volkes Munde
ist doch die vorgerückte Stunde,
ganz gleich, ob Mensch und Tier bereit,
das Zeichen für die Sommerzeit.

Und diese wirkt sich meist so aus,
man meint, man sei der Zeit voraus,
hinkt hinterher. Sie rächt sich rüde.
Selbst Aufgeweckte bleiben müde.

Man fühlt sich auch nicht eingerenkt,
wird sie im Herbst zurück geschenkt.
So fragt und macht sich unbeliebt
man, was das für 'nen Sinn ergibt?

Der Mensch soll am geschätzten Schönen
sich lieber nicht so sehr gewöhnen,
außer abseits von Genüssen
ans „Sich-ans-Umgewöhnen-müssen".

Regel

Selbst ein Ritual
setzt ein mit erstem Mal.

Diskretion

Der Grund, dass ich Vertrauen hab,
ist, er kann schweigen wie e'n Grab.

Vorsicht, bei manchen trügt der Schein,
sie graben eher wie ein Schwein.

Ernste Frage

Angenommen, wir beginnen,
uns der Ratio zu besinnen,
und es nähme, den Verstand
zu nutzen, langsam Überhand;
kann dann künftig,
was vernünftig
ist, die Oberhand gewinnen?

Feststellungen

An der Leine liegen Mops
und elektrisch Online-Shops.
Und an Mosel, Saar und Rhein
liegt manch' feines Fässchen Wein,
es am Auftrieb, wenn man fliegt,
an Verlierern, wenn man siegt,
großer Spaß an feiner Posse,
rauschbedingt man in der Gosse,
Hinken an marodem Knie,
nur an mir, da liegt es nie!

Zwar

Das Leben ist stets das bereite.
Doch ist, wer lebt, der Todgeweihte.

Fast zielsicher

Sitzt an der Stelle des Wissens der Glauben,
kann man sich schwerlich ein Urteil erlauben,
wohl aber leicht und geschwind wie die meisten
dafür bequem sich ein Vorurteil leisten.

Unansehnlich

Ändern sich auch die Zeiten weiter,
gab's früher auch schon Außenseiter,
Erlesene und Ausgesiebte,
Beliebte sowie Unbeliebte,
zur Not in Buße Lückenstopfer.
Die nennt die Jugend heute Opfer
und merkt jetzt noch nicht, vielleicht später,
gibt es wo Opfer, gab's dort Täter.

Stillschweigende Lautverschiebung

Stellt jemand sich mal mit Verlaub
zu einem Thema lieber taub,
so äußert er sich doch dazu:
Das Thema ist für mich tabu.

Wider sinnig

Wenn Blinde mal ein Blinder führt,
wird das als fahrlässig gekürt.
Dass die, die seh'n, Sehende führen,
scheint wenige zu irritieren.

Vernetzt
(und trotzdem falsch verbunden)

a) Überfluss

Die Politik verbrämt zuweilen scheu und listig,
denn den Akteuren geht es oft um Wählerstimmen.
Derweil sie mit den stärksten Lobbyisten schwimmen,
regiert der Sachzwang unter einem Schlagwort
euphemistisch.

Globalisierung kann man kaum genügend preisen,
gestattet sie alleine nicht nur Geld und Waren
im großen Stil sowie die Händler noch vor Jahren
auch Firmen und Fabriken, um die Welt zu reisen.

Der Ort der Herstellung, der Leistung ist jetzt schnell ver-
lagert aus Erfolgsdruck und aus dem der Kosten.
Geiz ist geil genau wie Gier. Darum gen Osten
oder Süden mit den Werken als „Entwicklungshelfer".

Jedoch erst dann, bewegen Menschen sich in Massen,
beginnt die Brandgefahr, die erst latent und schwelend
nur glomm, und dabei treibt sie nichts als Not und Elend.
Triebfedern duellieren sich, hier Hoffen und da Hassen.

b) Überlauf

Die ihre Heimat hinter sich gelassen, sind Migranten.
Das sind nicht viele, denn die meisten sind mit ihr
verbunden.
Und sesshaft sind auch sie, sobald die zweite sie
gefunden.
Wer von ihr flieht, wird andern Orts zu einem Asylanten.

Steigt deren Zahl, wirkt es auf Ureinwohner alarmierend.
Bedenket aber, dass die meisten Fremden nur verreisen.
Mobilität zum Trotz ist's einsam in Nomadenkreisen.
Wer seine Heimat flieht, hat Gründe, und die sind
gravierend.

Wer vor politischer Verfolgung oder Krieg flieht, dem ist
uns'rer Verfassung nach Asyl in Deutschland zu
gewähren,
hingegen Wirtschaftsflüchtlingen der Einlass zu
erschweren
der Politik nach. Wenn das nicht ein wenig zu extrem ist.

Worin liegt denn der Unterschied, und wie wird er
begründet?
Ist es nicht unerheblich, wer durch welchen Tod bedroht
ist,
ob es durch Krieg, den Polizeistaat oder Hungersnot ist.
Zählt Not nicht, und zählt Elend nicht, das in Verrecken
mündet?

c) überhaupt

Der Wirtschaftsflüchtling, ein Begriff – klar negativ
besetzt –
der Politik in den vergangenen siebziger Jahren
gen Ende im Zusammenhang mit den Asylverfahren,
der angesichts des Elends jede Menschlichkeit verletzt.

Der Wirtschaftsflüchtling, nicht nur Wort im Kreis von
Phrasen;
dem Duden nach neutral: Ein Flüchtling der sein Land
verlässt,
nicht aus politischem, wohl wirtschaftlichem Grund. -
Vergesst
mir dann die Steuerflucht nicht in gleichlautende Oasen.

d) Überdruss

Regelmäßig sind Ressourcen des Planeten endlich;
auch solche, die wir beim Verbrauchen deshalb nicht
verlieren,
weil sie im Kreislauf sich befinden und regenerieren.
Ungleicher Zugriff menschheitsweit trotz *dem* bleibt
unverständlich.

Man mag manch' Reicherem noch seine prallen Kassen
gönnen,
Verhältnismäßigkeit in der Verteilung uns'rer Erde Gaben
sucht man vergeblich. Menschenmassen gibt es, die
nichts haben
und wenige so viel, dass sie's alleine nicht verprassen
können.

Vorwärtszwang

Ein Mensch mag minutiös die Zukunft planen,
mag arglos oder skeptisch sein und Böses ahnen,
mag an das Gute glauben und dem Nächsten trauen
oder mag lieber hinter die Kulissen schauen,
um Chancen derber Schläge zu vermindern.
Wird er nur einen seines Schicksals so verhindern?

Trifft das ihn richtig, heißt es „dumm gelaufen".
Ohnmächtig steht er vor dem Scherbenhaufen,
und nimmt allein gezwungen ihn in Kauf,
denkt sich vielleicht sogar, Fakire stehen drauf,
beim nächsten Schritt. – Dabei wär' ihm viel lieber,
er wäre schon so weit und stünde drüber.

Steter Tropfen

Einnehmend, nicht im Fall des Einvernehmens,
so dirigiert eine Persönlichkeit die Demenz,
führt erstgenannte ab vom Wesen ins Vergessen.
Wer ihr erlag, hat sie und war zugleich besessen.
Wer ihr bei and'ren zuseh'n musste, der kennt ihren
Drang zur Dominanz. Demenz ist nicht zu dementieren.

Haarspalterei?
(Belgisches Kernkraftwerk trotz Haarrisse zurück ans Netz)

Ein Haarriss oder mehrere im Kernreaktor
ist oder sind ein durchaus ernster Faktor.
Ist auch ein Haar recht dünn wie eben solcher Riss,
auf atomarer Ebene sind sie kein Hindernis.
Mehr noch, denn Rissen sowie Spalten ist zu eigen,
mehr einzureißen, zur Erweiterung zu neigen.
Ist auch im Kern spaltbares Material beliebt,
wohl weniger, wenn solches dieses auch umgibt.
Reiht sich an altem Riss auch schon einmal ein frischer,
gilt gleichermaßen: Alle beide strahlen sicher.
Ein Kernkraftwerk, bei dem die Mauern leicht verletzt
sind,
hilft, dass ringsum die Menschen gut vernetzt sind.
Grenzübergreifend, kompromisslos und in strenger
Gleichberechtigung wird jeder zum Empfänger.
Es kommt – kein Handeln ist von Nöten und kein
Feilschen –
das große Teilen bis zum allerkleinsten Teilchen;
vielleicht nicht jetzt, nicht gleich, erst morgen, nur
Geduld.
Wer dieserhalb nicht freudig strahlt, ist selber schuld.

Vorfahrt für Vorfahren

Wir alle, nicht nur uns're Ahnen
sind des Schnitters Untertanen.

Alpha et Omega
(Tröstlich)

Eltern, einander ergeben,
schenkten dir dereinst das Leben.
Leben heißt auch, es wird kommen
die Zeit, und es wird dir genommen.

Bist du es leid, ist es dir lieb?
Ist es soweit, wer ist der Dieb?

Stoppt irdisches Wandeln
dein eigenes Handeln?
Beschließt deinen Trott
irgendein Gott?
Wirkt vor dem Bestatter
der fahle Gevatter?

Ist doch egal – irgendeiner.
Aber dein Grab nimmt dir keiner.

Massenmedial

(Anlässlich des Passagierflugzeugabsturzes vom 24.03.2015 in den
französischen Alpen. Das Gedicht entstand am 28.03.2015. Zu diesem
Zeitpunkt war die Absturzursache noch nicht ermittelt. Erst später
kam heraus, dass der Absturz durch den Co-Piloten, als dieser alleine
im Cockpit war, bewusst herbeigeführt wurde.)

Nach Unglücken, die viele Menschenleben kosten,
beziehen Massenmedien beschleunigt Posten,
wobei sie nicht nur horchen, sondern dazu neigen,
uns wiederholt wie dauernd was davon zu zeigen.

Es würde ihnen insbesondere gebühren,
die Menschen möglichst lückenlos zu informieren.
Zu Zwecken der Enthüllung sowie des Entdeckens
begeben sie sich nahe an den Ort des Schreckens.

Dort fangen sie dann in hoch aufgelösten Bildern,
ein, was vermeintlich nur mit Worten nicht zu schildern
ist, repetieren unablässig wie Chimären,
wie sehr entsetzt und sprach- und fassungslos sie wären.

Sie wälzen sich in dem, was unbegreifbar sei,
und halten objektiv drauf. Wir sind live dabei,
wie Helfer Hinterbliebene jetzt unterstützen,
sich rückwärts wendend vor globalem Blick zu schützen.

Die Katastrophe ist soeben erst geschehen,
und schon ist bandbreit kaum mehr anderes zu sehen.
Brennpunkt an Brennpunkt folgt. Man weiß indes genau:
Ursache unklar. Das ist Sokrates-TV.

Verdacht, Vermutung, Meinungsvielfalt ungekürzt,
an Fakten arm, doch mit Bestürzung gut gewürzt.
Kein Talk, den man nicht ins TV-Gerät lässt
dank Pietät der Pietäter Pietät-Test.

Auf dass zeitnaher Voyeurismus uns beherrsche,
statt Information nach Sorgfalt und Recherche.
Schweigeminuten mögen alle Opfer ehren.
Ach, wenn es massenmedial nicht besser Stunden
wären.

Fantasie

Ein Kreuz ist es mit der Vorstellungswelt.
Bevorzugt wird diese nur aktiv genommen.
Vertraut ist das, was wir uns vorgestellt,
nicht das, was wir vorgestellt bekommen.

Statistisch erwiesen

Statistik meint zumeist, mit nackten
Zahlen bilde man die Fakten
anschaulich sowie die Zusammen-
hänge ab in Diagrammen,
um so der Wahrheit zu genügen.

Vorsicht, Statistiken erzwingen
auch Fakten, die sich nicht bedingen.
Was hilft es, wenn sie ob konkreter,
recherchierter Parameter
echte Werte betrügen?

Hochzeiten heutzutage

Was gibt es Treffendes in diesen Tagen
über Eheschließungen zu sagen
von Gehalt desgleichen sowie von Gewicht?

Auf alle Fälle wird man sich versprechen.
Partnerschaften halten oder brechen.
Die Einen trauen sich, – die Andern nicht.

Unterschied zu zweit

Trennungstendenzen oft genug entstammen
so Sätze wie: Wir passen nicht zusammen.

Wenngleich die Ziele der Sich-Zugeneigten
zuvor noch in dieselbe Richtung zeigten.

Oft spricht der Wandel solcher Paare im Verlauf
dafür: Sie passten nicht zusammen auf.

Auftritt Angst

Wem nützt denn, wenn ihr nüchtern seid,
krank arrogante Schüchternheit?
Was mag es Schlimmeres dann geben
als Lampenfieber vor dem Leben?

Kommste-Geste (2)

Grüßend reicht man sich die Rechte
selten nur, erst recht die jungen
Leute. Jeder deutet echte
Nähe an, hält sich umschlungen
kurz und beider Wangen streifen
sich nach dem Entgegenkommen.
So werden sie, ist zu begreifen,
umfassend auf den Arm genommen.

Fiktion?

Die Gewalt wird cineastisch
zunehmend plastisch, mehr und drastisch.
Dort folgt die Neigung zu verletzen
kapitalistischen Gesetzen.
Beidenfalls ist nur von Wert,
was stets Steigerung erfährt.
Und so wird, was einst inhaltsschwer
war, leicht, inflationär und leer.

Einsicht

Fassaden sind, muss man gestehen,
für beinah jedermann zu sehen.
Doch Qualitäten, die das Rennen
machen, gilt es zu erkennen.

Treffend

Richtig gute Werbung druckt
beein- dann, wenn sie einen juckt,
verhindert, dass man ob ihr spuckt,
kurz, besser ist als ihr Produkt.

Wörter unter sich
(im Unterschied zu Worten)

Es fühlen Wörter sich sehr einsam
im Satz wie solo, wenn sie bang
erkennen, sie hab'n nichts gemeinsam,
es fehlt hier am Zusammenhang.

Wenn ihnen solches widerfährt,
bleibt nur zu hoffen im Geheimen,
ist ihr Verhältnis sinnentleert,
dass sie sich doch zumindest reimen.

Was macht das mit Dir?

Typisch ist für Sozialarbeiter,
kommt er im Thema mal nicht weiter.
Grund, weil er es verbal zerkaut,
wovor es jeden Hörer graut.
Die letzten rügen an der Ecke,
die Taten blieben auf der Strecke.

Anlässlich dieser Art Bedenken,
beginnt der Erste einzulenken,
er scheue nicht die unbequemen
Wege, es sei ernstzunehmen
ein solcher Einwand. Drum an jeden
mein Vorschlag: „Lasst uns drüber reden."

Bahnbaustelle zur Ferienzeit

Grad' erst ist her das Osterfest,
dann legt die Bahn ihr Ei ins Nest,
gefärbt mit Gummi schwarz und Teer.
Es heißt: Schienenersatzverkehr.

Die Fahrt mit ihm ist sehr beschaulich,
gedehnt und somit schwer verdaulich.

Den schalen Bruch im Zeitgefüge
verspürt der Pendler zu genüge.
Erster bleibt offen, ungeschient.
Womit hat zweiter das verdient?

Entlaufen

Die Freiheit ist ein hohes Gut
und wird entsprechend lobbesungen.
Wie viel wird einem resolut
in ihrem Namen aufgezwungen?

Gern unabhängig, wie wir finden,
den Weg durch unser Sein zu laufen,
bemüh'n – kaum fähig, uns zu binden –
wir uns, uns ständig freizukaufen.

Friday for future

Kinder, lasst euch von den Ollen,
die euren Zukunftseinsatz rügen
nicht dahingehend unterkriegen,
dass Kinder erst was lernen sollen,

bevor sie schwänzend demonstrieren.
Bleibt das Klima auf der Strecke,
trifft die Schuld meist alte Säcke,
die den Ernst noch nicht kapieren,

aber pflichtbewusst – vermeintlich –
auf Bildung, Zucht und Ordnung pochen.
Es geht, wie's kommt, auf eure Knochen.
Euch droht ein Klima, das zu heiß
ist und vielleicht der Schulverweis.
Doch wer so fliegt, fliegt umweltfreundlich.

Madig machen

Ist jener schon ein Defätist,
der Fakten nennt, beschreibt, was ist,
gern fragt und so fast schüchtern dann
die Glaubenswelt ernüchtern kann?

Altern

Man kann es wirklich nicht verschweigen,
der Drang des Alters ist zu steigen.
Der Lauf der Zeit wirkt wie ein Fluch,
jung läuft sie uns nicht schnell genug,
und später meinen wir, sie treibt.
Konstant ist die Geschwindigkeit.
Doch die gefühlte wägt die Zeit,
die einem schätzungsweise bleibt.

Dann macht sich ein Verlangen breit
auf einmal, der Vergangenheit
im Großen, Ganzen nachzuhängen,
im Rückwärtsblick dann zu verdrängen,
der Zukunft ins Gesicht zu schauen.
Es wird durch Feinschliff der Verklärung,
was war, des Alters starke Währung.
Das nämlich kann ihm niemand klauen.

Stau

Ich steh' in einer Schlange,
und weil schon ziemlich lange,
ist, was mich feste grämt:
Die Schlange ist gelähmt.

Künstliche Intelligenz

Es packt uns kaum in Flaum und Mull
das Leben – auch nicht 3.0!
Dies steht für künstlichen Esprit
von Rechnern, abgekürzt: KI.

Die würde künftig sich bequemen
„und uns", uns manches abzunehmen,
nur besser nicht, sonst droht Verderb
des Menschen, dessen „Brot"-erwerb.

Wenn doch, dann müsste so was her
wie schrankenloses Grundsalär.
Denn läuft das Volk auf letzter Rille,
Prost Leben 3.0 … Promille.

Am Abzug

So ist derzeit die Arbeitswelt,
oft packt sie uns beim Kragen.
Und dass sie uns in Atem hält,
ist Grund genug zu klagen.

Ergänzt privat das Pflicht um Pflicht,
gerät der Zustand böser.
Dann wird für fast erdrückten Wicht
der Selbstaus- zum Er-löser.

Netzwerker

Ganz spontane Meinungssplitter
zwitschern sie zuhauf bei Twitter,
steh'n vor Smartphone-Linsen stramm
grinsend dann auf Instagram,
um mit Video-Postillen
YouTube lehrreich zu befüllen
wie die Viren. – Doch zu schimpfen
hilft so wenig, wie zu impfen
auf und gegen Tipp-Clip-Tänzer:
Follower dank Influenza.

www.online.net

Verständlich ist, was man im Netz so erfährt,
verblüfft und berührt einen gerne und gärt.
Und dennoch gelingen auch größeren Foren
vermeintliche Fakten, die unausgegoren.

Wahrnehmung, Erfahrung sind sicher nichts Böses.
Nur Leichtgläubigkeit hat was Religiöses.
Recherche beherrsche zu finden, was ist.
Wer staunt, wenn 'ne Plattform den Tiefgang vermisst?

Digital durchsichtig

Im Netz wird Werbung wundersame,
weil maßgeschneiderte Reklame,
die in der Mail-Box ungeniert
man dir am Rande präsentiert.

Erst staunt der Nutzer und dann flucht
er, wenn er merkt, was er besucht
hat, ist bekannt und nicht zum Griemeln,
weil digitale Kekse krümeln.

Man selbst stellt quasi grenzenlos
die eig'nen Präferenzen bloß.
Drum fühlt im Selbstverständnis nackt
sich der, den die Erkenntnis packt.

Weichware hindert zu verbreiten,
wo Kenner ihre Wellen reiten.
Von Laien – und es gibt so viele –
entstehen saubere Profile.

Hurra, die Werbewirtschaft weiß,
was lässt sie kalt, was macht ihn heiß.
Verzag nicht, Laie, und versteh'
zu nutzen irgendein Klischee.

Besuch zuweilen frequentiert,
was dich so gar nicht int'ressiert,
und fühle Freude statt Empörung
dann ob der Algorithmus-Störung!

Kursschwankung

Es ist nicht immer nur das Virtuose
und Komplizierte auch das Grandiose.
Nicht nur die Sensation, die wichtig tut, ist
genial, nein auch, was einfach richtig gut ist.

Was mich hingegen stört und zwar mit Recht, ist,
was - schwierig oder simpel - einfach schlecht ist,
wenn seinem Produzenten reicher Sold lacht,
weil er, ein Alchemist, aus Scheiße Gold macht.

Sinneswandel

Nicht immer nur das Schicksal fügt
und füttert so das Ohnmachtswesen.
Zu-hören, Zu-seh'n und zu lesen
eröffnen uns: Einblick genügt.

Höhere Weihen

Fast jeder Pfaffe gottergeben wirkt,
auch wenn sein Sein ein Lotterleben birgt.

Krawatte(n)

Ich glaube, nicht einmal dann, wär' ich
beim Bund gewesen oder militärisch
angehaucht, streitsüchtig in der
Gemütsverfassung, trüg' ich Binder.

Der Herren Zierde bin ich überdrüssig.
Sie schnürt die Kehle und ist überflüssig,
dient keinem Zweck, außer nach Meinung
Rückständiger rechtschaffener Erscheinung.

Mir ist da wichtiger zum Einen,
dies mehr zu sein, als zu erscheinen,
zum Andern, mit Krawatte mich zu zeigen
nur dann, sollte ich selber dazu neigen.

Nicht konservativ noch Kroate
bin ich. Darum ist der probate
Auftritt an Werk- wie Feiertagen
für mich meist ohne Schlipseinlagen.

Tatsache

Oft zeigt mit freudiger Verrichtung
sich Leidenschaft und nicht Verpflichtung.
Bestünde nämlich nur die Pflicht
zur Tat, geschäh' sie oftmals nicht.

Bekehrungsgedränge

Ihr Eiferer, ihr religiösen,
im Wahn, die Menschen zu erlösen
durch einen einzig wahren Glauben,
ich werde es euch nicht erlauben,
mich, gleich um welchen Gottes Ehren,
für Heilsbotschaften zu bekehren.

Spannt Andere vor euren Karren,
ihr durchgedrehten Missionarren.
Ich bleibe lieber analytisch,
denn ihr seid mir zu übermythisch.

Mahnung

Bezähme dich, Politiker
und mime nicht den Kritiker
der Menschen, die an Kneipentischen
sich in die Politik einmischen.

Verunglimpf' nicht so unverhohlen
Meinungen als Stammtischparolen,
wenn auch die gleichen Geistes finden,
das würde sie zumeist verbinden.

Gewählter, fasel nicht sophistisch
und schimpf das Volk nicht populistisch.
Denn du hast oftmals, das beachte,
die weitaus größ're Phrasenscharte.

Rettungsschirm
(EUROpa-Schulden-Krise (2012) – Sonett, engl. Prägung)

Die Frage geht an viele: Seid Ihr noch zu retten?
und stellt sich nicht Bankrottbedrohten wie den
Griechen
allein, nein denen auch, die das Vermögen hätten,
denen aufzuhelfen, die am Boden kriechen.

Die Nächstenliebe gilt dem Geld, was woll'n wir wetten?
Es liegt so nahe wie der Tod denen, die siechen.
Was ewig währen möge, lehren Ruhestätten.
Die Endlichkeit ist dort, wie überall zu riechen.

Wer zieht die Fäden wirklich, wer ist Marionetten-
spieler im Europa der fiskalen Machenschaften,
die, die den Fallschirm stiften oder sich zu retten
suchen? – Bürgen heißt, für Andere zu haften.

So hängen an ihm alle, die für den Geldwert kämpfen.
Er stoppt den Sinkflug nicht, kann nur den Aufprall
dämpfen.

Staatsschulden

(Anlässlich der Vereinbarung zwischen Demokraten und
Republikanern in den USA im August 2011, den Staatsbankrott
durch Anhebung der Neuverschuldung ohne
Steuererhöhungen abzuwenden.)

Mag die Spitzenpolitik verkünden,
es würde nach den ganzen, fetten Jahren
der Neuverschuldung eng, wir müssten sparen,
was heißt, sie streicht und wird begründen
dergleichen mit, es ginge schließlich alle
gleich an, wenn man den Gürtel straffer schnalle.
Gehörte es nicht zu intelligenten
Maßnahmen, wenn für Schulden grade stünden
anstatt Bedürftige, nach kapitalen Sünden
vermehrt diejenigen, die auch zahlen könnten?

Verbindlich

Lehre.
Schulden
dulden,
in Zinsen
Gewinn seh'n,
sie sprengen Grenzen
in Insolvenzen
und enden
als Spenden.
Leere.

Starthilfen

Jeder hofft, dass er genüge.
Selbstwahrnehmung zu betreiben
ohne Hang zur Eigenlüge,
lässt dich auf dem Boden bleiben.

Dabei ist nicht nur in Krisen
neben eigenem Geschick,
man auf Dritte angewiesen:
Hilfe, Rückkopplung, Kritik.

Hinweis an die Rezipienten:
Lob macht leicht und schwer die Rüge.
Wer erwartet von TalEnten
von alleine Höhenflüge?

Ruf an!

Nicht immer schreiben!, wird gerügt,
ein kurzer Anruf, der genügt.

Hurra, nur kurze Zeit verstreicht,
schon ist der Adressat erreicht.

Der Anrufer hernach erschauert,
wie lange das Gespräch dann dauert.

Trennungsgrund

Es ist nach reifendem Verbleib
für Monate im Mutterleib
final für sie das junge Leben
umständehalber abzugeben.

Hormon(d)landschaften

Testosteron, spricht das Gefühl
zu mir, es weiß nicht, was es will.
Wer jung in seinen Schub gerät,
ist Bub und in der Pubertät.

Als hätt' es nichts als bare Faxen
im Sinn, lässt es die Haare wachsen
in einer Selbstverständlichkeit
als Inbegriff der Männlichkeit.

Doch später wirkt man wie geschoren
außer aus Nase und den Ohren.
So manche Hinterkopfkontur
entwickelt sich gen Mönchstonsur.

Es folgen dann die freien Sichten
auf das, wo sich die Reihen lichten.
Kahl wird es wie im Winter hier.
Das hab ich lange hinter mir.

Entwicklung, die eigene

Auf dem Weg vom Kind zum Manne
ward er schlank wie eine Tanne,
um jahre-, ohne Übertreiben,
lang bei dem Format zu bleiben
und in fünfziger Gefilden
dann ein Hohlkreuz auszubilden
– stellt er mild fest, ohne Zorn –
und das ganz besonders vorn.

Folgerichtig

Gefällt uns das auch nicht so sehr,
mit Leben geht der Tod einher.
Weshalb die Toten, besser deren
Zahl und Menge sich vermehren.

Wenn, was den Tod vielleicht beflügelt,
er auch das Leben stets besiegelt,
so ist es doch anstatt sein Aus
dem Tod ein kleines Stück voraus.

So mache man sich eins mal klar:
Das Leben wird auf dem Altar
als Opfer zwar dem Tod erliegen.
Allein' wird er nie Nachwuchs kriegen.

Zahn der Zeit

Bevor der Mensch verwelkt und hochbetagt
ist, hat der Zahn der Zeit an ihm genagt,
mal mehr, mal weniger verzagt und friedlich
und lebensphasenweise unterschiedlich.

Erklingt zuweilen neidvoll festgestellter
Satz anerkennend, „... der wird auch nicht älter!",
stellt sich bei näherer Betrachtung raus,
er sah mit Zwanzig schon wie Fünfzig aus.

Hingegen sind die Meisten gern bereit,
das Altern festzustellen mit: „Die Zeit",
– im Tonfall leichter Mitleidsheuchelei –
„ging auch nicht spurlos an dem Mann vorbei!"

Zufrieden klingt das Sätzchen überall
sogar, verläuft der eigene Verfall
gebremst, und sie hat, wie wir mitbekommen,
ihn nicht passiert, wohl aber mitgenommen.

Theounlogisch

Den Menschen, wie der Herrgott ihn erschaffen,
gern – gilt es auch verwerflich – zu begaffen,
was im Ästhetikfall sogar vergnüglich ist,
fragt, was an Nacktheit denn anzüglich ist?

Wahrsager

Wer spielt nicht gerne ungebeten
einmal die Rolle des Propheten,
der mahnend seine Lieder singt
darüber, was die Zukunft bringt?

Politiker und Prominente,
die noch im Dienst und schon in Rente,
die Geistlichkeit und Wissenschaft,
sie üben sie gewissenhaft.

Sie alle, auch die Journalisten,
die Opti- und die Pessimisten
bis zum gemeinen Bürger schürfen
nach futuristischen Entwürfen.

Ein jeder hat nun mal Visionen
und Hoffnungen, die in ihm wohnen,
am Bildermalen drum Vergnügen.
Und wem gelänge, hier zu lügen?

Niemand, weil, was wir auch ersönnen,
wir das, was kommt, nicht wissen können.
Drum stimmt wohl sämtlicher Gestalten
Vorausschau, Irrtum vorbehalten.

Gewisse Vorsicht ist begründet
bei dem, was einer laut verkündet.
Hernach wird manche Stimme leiser.
Denkt an den letzten deutschen Kaiser.

Er hielt von dem Automobil
nicht sondern nur von Pferden viel
und hat damit, das weiß man jetzt,
wohl auf das falsche Pferd gesetzt.

Und so ist eher manche Meinung
vorübergehende Erscheinung.
Erst in der Rückschau wird sehr klar,
wie hoch ihr Visionärwert war.

Hybris

Der Auftrag, Ungläubige konsequent zu töten,
packt nicht nur mich allein kopfschüttelnd mit Entsetzen,
verstört mich die Moral bereits, es sei von Nöten,
religiöse Emotionen bloß nicht zu verletzen.

Die Gläubigen sind beidenfalls zutiefst beleidigt.
Ihr Gott sei's auch. Zu zweifeln sei schon Spott und Hohn.
Darum wird ihr Allmächtiger brutal verteidigt
vom Volk tiefst Gläubiger für dereinst Gotteslohn.

Ihr Gotteskrieger, Heerscharen von Moralisten:
Was glaubt Ihr, das Ihr vom Allmächtigen denn wüsstet,
etwa, er sei so groß, dass als Monotheisten,
als kleine Menschen Ihr der Allmacht beisteh'n müsstet?

Nachgedacht
(Eine Empfehlung zur Bescheidenheit)

Die Wissenschaftler unlängst machten
Entdeckungen, dass manche Tiere,
was uns Menschen imponiere,
besser dächten, als wir dachten.

Alle, die wir unterschätzen,
mag der Menschen Meinung kränken.
Doch der Blick auf unser Denken,
wen mag er zuletzt verletzen?

Entwicklung

Gestern galt der Mensch nicht ohne
Hybris als der Schöpfung Krone.
Heute sieht die Menschheit ihre
als die Spitze aller Tiere.

Gleich, ob Schöpfer oder Darwin,
noch fühlt sie sich wunderbar in
diesem Rang. Doch der Triumph
verrottet, wird die Spitze stumpf.

Mensch, du bist, ob ungebeten
oder nicht, Teil des Planeten
Erde. Hältst du nicht ihn rein,
wirst bald Du Geschichte sein.

So viel?

Was unterschiedlich uns behagt,
mal ist man, mal wird man gefragt.
Bei Zweitem schwindet mit der Zeit
die einst erlangte Sicherheit
der Antwort. Darum schleicht sich leis'
ihr oft voran „Soviel ich weiß, ..."

Dies zollt dem Selbstzweifler Gebühr,
lässt offen eine Hintertür,
räumt, etwa auch zu irren, ein.
Man mag kein Besserwisser sein.
Doch was „soviel ich weiß, ..." verspricht
zu wissen, so viel ist es nicht.

Tauffrisch

Mädchen heißen häufig, wenn die
Eltern dunkeldoof sind, Wendy.
Ähnlich nennen Chef und Chefin
ihren Spross, falls männlich, Kevin.

Auch im femininen Fall
klingt vergleichbar arm Chantal
und nach einem schlechten Witz
mit Familiennamen Schmitz.

Ferner nordisch heiß umworben
gelten Malte sowie Torben
und sind im Verbund ein Knüller
mal mit Meier, mal mit Müller.

Was soll eklig sein und schleimig
an Vornamen, welche heimisch?
Sollen wohl nur Namen schallen,
wenn sie aus dem Rahmen fallen?

Die Einzigartigkeit verkaufen
soll, ungewöhnlich wen zu taufen.
Doch Besonderes wird nämlich
derart ungewöhnlich dämlich.

Die Verpackung bloß erweckt
eindrucksweise, was drin steckt,
sprich, sie zeigt, wenn überhaupt,
nur das, was man in ihr glaubt.

Macht ein ziemlich schräger Name
für Getauften nun Reklame?
Wird die Wirkung umgekrempelt
und der Täufling abgestempelt?

Die Überlegung zum Entschluss,
sei reiflich, welchen Überguss
man Frischgebackenem verpasst,
dass es nicht die Erzeuger hasst.

Portrait

Ein Bild, auf dem ein Antlitz strahlt.
Ein Ahne ist oftmals gemalt.
Fragt sich, als wer das Bildnis plante,
ob der Gemalte dieses ahnte.
Es lohnt sich nicht, danach zu fahnden.
Der Ahne kann's posthum nicht ahnden.

Weissagen

Steht auch die Zukunft in den Sternen,
soll man aus dem Vergang'nen lernen,
aus Steinzeit, Altertum und Mittel-
alter, dem dunkelsten Kapitel,
wie aus der Ahnen sagenhaften,
fortschrittlichen Errungenschaften.

Und glaubt, der Zukunft sei unsäglich
ein steter Blick zurück zuträglich.
Darum nährt den Gesichtsverlust ein
mangelndes Geschichtsbewusstsein.

Es hilft auch hier, die Basis dessen
im Lauf der Zeit nicht zu vergessen,
sie ohne Zaudern zu belichten
und angemessen zu gewichten.
Vergangenheit nimmt – kurz und knapp
gesprochen – zu und Zukunft ab.

Stringent

Die deutsche Bahn, die gut geschient
den Linienverkehr bedient,
ist bekanntlich kompetent
im Verspätungs-Management.

Verlässlich ist auf manchen Routen
Verzug von fünf bis zehn Minuten;
oft werden auch mal zwanzig draus,
und plötzlich fällt die Bahn dann aus.

Der Fahrgast darf sich nun bequemen,
genervt den nächsten Zug zu nehmen,
steigt ein – und siehe da, die Bahn
fährt nun vielleicht sogar nach Plan.

Und so erfüllt sie ihre Pflicht,
ist pünktlich – nur, du bist es nicht.
Was folgt in Ruhe und Geduld
daraus? – Der Passagier ist schuld.

zufällig schicksalshaft göttlich

Der Mensch führt allzu gern Regie,
plant und folgt seiner Strategie.
Geht dann in seinem Lebenslauf
ein seriöser Plan nicht auf,
warum soll, von ihm abzubiegen,
am Plan von einem Andern liegen?

Bitter

Verlassener, mach dir bewusst,
ist noch so schmerzlich dein Verlust
des heiß- und meist geliebten Wesens,
weshalb du ohne Federlesens
den Rest des eig'nen Seins verfluchst,
dich suizids zu rächen suchst
in eig'nem, intensiven Denken,
den Andern möglichst tief zu kränken.
Dein Freitod, der dir grad so wichtig
ist, wirkt inzwischen nicht mehr richtig.

Moral, tief trifft der Suizid
nur einen Partner, der nicht flieht!

Wegbeschreibung
(via dolorosa)

Einen Pfad im Anstieg seicht,
zu begehen, fällt uns leicht.
Nur beim Genesungsweg, sei ehrlich,
ist sachte Steigung sehr beschwerlich.

Geben und Nehmen

Ein Spitzensportler muss in seinem Streben
an die der Weltelite alles geben
in Sachen Mühe, Disziplin und im Verlauf
der Karriere meistens alles And're auf.

Denn einen Wettkampf aussichtsreich bestreitet
der Topathlet nur bestens vorbereitet,
sprich auf das Optimale präpariert,
da jeder hinter dem, der siegt, verliert.

Den Zweiten trennt dabei vom Sieger Welten
inzwischen, die als Mikrokosmos gelten.
Wer staunt, dass der Athlet high-tech-bestimmt
heut' nicht nur alles gibt, auch alles nimmt?

Revierbeiner

Häufig hörten wir und lasen,
Katzen hätten feine Nasen;
feiner als der Mensch im Grunde,
nur nicht ganz so fein wie Hunde.

Die Wissenschaftler irritieren
mich. Woher wollen sie das wissen?
Es fragt sich, warum beim Markieren
die Kater dann so stinken müssen!

Unverdrossenheit

Es klingt beinahe wie Kritik
wie sonst an Spitzenpolitik,
wenn wir die Kluft in diesen Tagen
zwischen arm und reich beklagen.

Wie immer vor der Wahl bestechen
die Volksparteien durch Versprechen,
um sich hernach dann sie als Lügen
entlarvend Sachzwängen zu fügen.

Und jeder Bundeskanzler schafft es,
bekommt im Amt was Comichaftes,
beginnt gleich mit dem Phrasendreschen
und wird fortan in Blasen sprechen.

Das trennt das Volk in aufgescheuchte
Empörte und Politenttäuschte.
Die Frage bleibt: Ist zu verstehen,
dass viele nicht mehr wählen gehen?

Nur weil man fühlt, wofür man stimmt,
auf Politik kaum Einfluss nimmt?
Im Land, dass gottlob demokratisch
ist, wirkt auf Dauer das dramatisch.

Weil sich der Souverän beleidigt,
statt dass er seine Macht verteidigt,
der starren Lethargie anheftet,
zugunsten Weniger entkräftet.

Denn eins steht fest, wohin wir segeln,
liegt am System und seinen Regeln,
doch nicht an denen - sag ich scharf! -
wonach ein jeder wählen darf.

Es tut mir leid, auch wenn es quält,
es liegt dran, was der Wähler wählt,
schon lang' - man reiche mir den Kübel -
schön eingeimpft das kleinste Übel.

Die meisten Wähler übersehen
doch so, wofür Parteien stehen;
die meisten, übersieht man gerne,
für Hochfinanz und Großkonzerne.

Das Gros der Medien überhäuft
uns „Hauptsache die Wirtschaft läuft"
und schürt im Volke das Entsetzten
vor dem Verlust von Arbeitsplätzen.

Was aber nutzt die Arbeit dann
dem, der von ihr nicht leben kann?
Wem dient, wird Wohlstand schon vermutet,
wenn allen es im Durchschnitt gut geht?

Wirtschaftswachstum ohne Grenzen
bleibt nicht ohne Konsequenzen
für die Meisten und das nicht
erst dann, wenn sie zusammenbricht.

Gier ist, das ist leicht verständlich,
grenzenlos und Wachstum endlich.
Ganz empirisch zeigt das schon
der Blick auf eine Erektion.

Lieber Wähler, darum schaue
bei Parteien aufs Genaue
hin, wofür sie alles stehen.
Demnach sollst wählen gehen.

Wohlergehen für die Meisten
sollten wir uns alle leisten,
nicht das Lohn-für-Fleiß-Geschwalle
einer Chance auf es für alle.

Erkenne echte Hindernisse,
wähl' rigoros und konsequent,
also ohne Kompromisse.
Die macht hernach das Parlament.

Tatsächlich sagenhaft

Wer sich die (oder den) rechten Fragen stellt,
ist meistens gut beraten.
Was etwa trennt die Sagenwelt
im Kern von der der Taten?

Nicht Fantasie und Wirklichkeit,
noch Heilige und Elfen.
Die Einen sind stets hilfsbereit,
die Anderen stets helfen.

Virtuell

Facebook, Plattform für der Freunde
stetig wachsende Gemeinde
derer, die sich profilieren
mögen und interagieren,
oberflächlich oft verweilen,
um sich breiter mitzuteilen.

Deine Kinder werden Scharen,
vermehrt, auch ohne sich zu paaren.
Facebook, du bist, was vernetzt
Vergangenheiten mit dem Jetzt,
dass einst – von Krisen unbeirrt –
aus dir ein Riesen-Friedhof wird.

Multi-Tasking

Mich reizt zum schmunzeln, wenn die Oberschlauen
– in diesem Kontext sind das Gros eh'r Frauen –
von sich behaupten, dass sie „Koniferen"
und alle multi-tasking-fähig wären.

Der Löwenanteil tut und macht sich wichtig,
packt vieles zeitgleich an und macht nichts richtig,
streift allem Anschein nach nach Shiva strebend
nur und reißt an, sich gern als Diva gebend.

Wär's so, ihr Wort- und Tatgewaltigen,
ihr Macher sowie mannigfaltigen
Vollstrecker, könnten wir uns, woll'n wir wetten,
vor virtuosen Drummerinnen nicht mehr retten.

Dementi

Eine Freundin brachte kürzlich die Geschichte
von Konflikten in der Klasse ihrer Nichte.
Sie, da sich meist die Schülerinnen stritten,
habe länger unter Zickenkrieg gelitten.

Das klänge, sprach ich, nicht so unbeschreiblich,
denn Zickenkriege wären faktisch weiblich.

„Schon, doch womit ich wenig zu erfreu'n bin",
sprach sie, „das sind der alten Vorurteile Lieder!
Denn ich hab' seit Jahrzehnten schon 'ne beste Freundin
– immer wieder."

In den besten Jahren

Auf Anhieb zählst du nicht zu den Gewinnern,
musst du gesteh'n: „Ich kann mich nicht erinnern,
dass ich dies tat und jenes mir geschah."
Du selbst magst dich schon in die Ecke drücken
derer mit mehr und mehr Gedächtnislücken.
Es ist dir peinlich, ängstigt, geht dir nah.

Ist ein Ereignis nicht zu ignorieren
an sich, die Fakten liegen auf der Hand
die Lügen leisten keinen Widerstand,
sprich, es ist schließlich nicht zu dementieren,
sei froh, dass du Gedächtnislücken offenbarst,
wenn du weder der Täter noch betroffen warst.

Mahlzeiten

Ich bin beim Speisen nicht der Mann, der
gern häppchenweise durcheinander
und erst das Beste, was er hat, isst,
damit es drin, bevor er satt ist.

Für mich kommt steigender Genuss auf,
heb' ich mir Bestes für den Schluss auf.
Ich gebe zu, dagegen spricht,
zu einem Nachschlag komm ich nicht.

So hab' ich mich schon oft betrachtet
und gern genüsslich überfrachtet,
das Sättigungsgefühl mit Tritten
misshandelt und es überschritten.

Soweit so schlecht. Doch ein Gericht,
so zu verzehren, dafür spricht:
Orgasmen, wenn denn, sind und bleiben's
am Ende sexuellen Treibens.

Verkörpern

In der Kunst bekommt abstrakter Sachverhalt
von Wert und von Gewicht eine Gestalt.
Sie ist, sofern denn machbar, metaphorisch.
Man bezeichnet sie sodann als allegorisch.

Wir kennen Frau Justitia, die abwägt,
die Freiheit, die die Kleidung oben knapp trägt
und mit der Fahne anführt, und den Tod,
der alles Leben als der Sensenmann bedroht.

Derselbe fällt ein wenig aus dem Rahmen.
Denn er hat ungewöhnlich viele Namen,
wahrscheinlich nur, damit man ihn zum Schluss
nicht noch beim eigentlichen nennen muss.

Der Tod ist kaum beliebt, doch unvermeidlich,
begrenzt alles lebendige Sein zeitlich.
Er ist in letzter Konsequenz verbissen
und damit eher Feind von Kompromissen.

Des Todes Mit- und Gegenspieler ist das Leben.
Drum ohne Zweites würd' es Ersten gar nicht geben,
und bringt mich Fragen stellend so ganz allmählich auf
die Spur:
Warum fehlt für das Leben die allegorische Figur?

Moralisches Geständnis

Kriminelle Energie
steckt in mir – in der Fantasie,
in der sie hoffentlich auch bleibt,
wie meist in dem, der Krimis schreibt!

Der Fantasie Tendenzen bloß
sind diese, nämlich grenzenlos
in Farbe, Form, Licht, Dunkelheit
und zu Extremem stets bereit.

Der Kampf des Guten mit dem Bösen
ist in der Tat nicht aufzulösen.
Ganz Übles geht noch widerlicher.
Nicht Knast noch Geist sind ausbruchsicher!

Inhaltsverzeichnis

märchenhaft sagenhaft......................31

Katerstrophen....................................45

naschhaft schmackhaft triebhaft..........49

rätselhaft zweifelhaft............................**74**

Bilde mal einen Satz mit 89

scherzhaft flegelhaft boshaft..............104

ernsthaft glaubhaft gewissenhaft 144

Vielleicht an dieser Stelle noch ein Nachwort zur Aufmachung des Bucheinbandes, insbesondere seiner Front. Dem geneigten Betrachter ist bestimmt auf den zweiten, spätestens aber den dritten Blick hin die Ähnlichkeit in Form, Schrift und Erscheinung mit einem nach dem bekannten Polit-Magazin benannten, werbenden Aufkleber aufgefallen, welcher dem Betrachter der Auslage im Buchhandel die starke Nachfrage bezüglich eines Werkes nahebringen möchte.

Wie aber kommt es zu der Mimikri?

Nun, es ist auf ein Erlebnis zurückzuführen, das mich, den Autor dieses Buches, an anderer Stelle verdutzte.

Das Attribut „Spiegel Bestseller" schmückt nicht so selten Bucheinbände, und selbst, wenn es aus eigener Anschauung den Verdacht erregt, in leicht inflationärer Zahl, so scheint dies zumindest bei Taschenbüchern plausibel zu sein. Schließlich ging ihnen oft ein Harteinband in Erstauflage voraus. Zurück zum Erlebnis.

Ich erwarb einmal eine populärwissenschaftliche Erstveröffentlichung im Hartcover. Auf seiner Front prangte bereits vorgenannter Hinweis.

Als wenn nicht schon der entsprechende Aufkleber stutzig machen würde. Er war keiner, sondern Teil des Coverdrucks, da der Versuch, ihn zu entfernen, scheiterte.

Wie aber konnte man vor Erstveröffentlichung wissen, dass sie ein Verkaufsschlager würde, und sich überdies auch noch so sicher sein, den Hinweis nicht lieber nur aufzukleben?

Weiteren Fragen, wie: Was muss man machen, um vor Erscheinen zu solchen „Ehren" zu kommen?, bin ich nicht nachgegangen, auch wenn sich vielleicht Verdachtsmomente aufdrängen möchten.

Aber eins war mir sofort klar:
Das werde ich satirisch aufgreifen müssen!

Der Vorläufer dieses Buches ist beim Verlag

SHAKER media

und im Buchhandel für 14 € erhältlich

gefangene
Gedanken

Gedichte

uli wollgarten

ISBN: 978-3-86858-793-7